机动车驾考一本通系列

汽车考证驾驶一本通

主　编　李俊杰　邓荣志
副主编　归孙福　黄伟金
参　编　黄基峰　陈先明　江利材
　　　　冯　阳　李骏斐

机械工业出版社
CHINA MACHINE PRESS

本书集中介绍了学车考证须知、汽车驾驶入门、道路交通安全法律法规和相关知识、场地驾驶技能、道路驾驶技能、安全文明驾驶常识和汽车维护保养常识；介绍了科目一考试的各知识点和学习考试技巧，通过科目二考试项目所需的操作要点和方法，以及通过科目三道路驾驶技能考试和安全文明驾驶常识考试所需的操作规范与知识。另外，本书还增加了强化训练项目，帮助学车考证人员更快、更好地掌握驾驶技巧。

本书图文并茂，通俗易懂。为方便读者学习理解，本书还配套了动画视频二维码，扫描书中二维码即可观看学习。

本书适合报考C1和C2类机动车驾驶证的人员阅读，对其他类别驾驶考证人员也有一定参考价值。

图书在版编目（CIP）数据

汽车考证驾驶一本通 / 李俊杰，邓荣志主编. — 北京：机械工业出版社，2024.4
（机动车驾考一本通系列）
ISBN 978-7-111-75268-4

Ⅰ.①汽… Ⅱ.①李… ②邓… Ⅲ.①汽车驾驶员 – 资格考试 – 自学参考资料 Ⅳ.①U471.3

中国国家版本馆CIP数据核字（2024）第050271号

机械工业出版社（北京市百万庄大街22号　邮政编码100037）
策划编辑：母云红　　　　　责任编辑：母云红　丁　锋
责任校对：甘慧彤　梁　静　　封面设计：马精明
责任印制：邓　博
北京盛通数码印刷有限公司印刷
2024年5月第1版第1次印刷
180mm×250mm・10印张・174千字
标准书号：ISBN 978-7-111-75268-4
定价：69.90元

电话服务　　　　　　　　　　网络服务
客服电话：010-88361066　　　机　工　官　网：www.cmpbook.com
　　　　　010-88379833　　　机　工　官　博：weibo.com/cmp1952
　　　　　010-68326294　　　金　　书　　网：www.golden-book.com
封底无防伪标均为盗版　　机工教育服务网：www.cmpedu.com

前言
Preface

　　为了帮助机动车驾驶考证人员更好地学习汽车驾驶，顺利通过各科目考试，我们精心编写了本书。本书严格按照最新《机动车驾驶证申领和使用规定》《机动车驾驶人考试内容和方法》《道路交通安全违法行为记分管理办法》《机动车登记规定》等道路交通安全法律法规的要求进行编写，详细介绍了学习机动车驾驶技术和考取机动车驾驶证的相关知识。本书集中介绍了学车考证须知、汽车驾驶入门、道路交通安全法律法规和相关知识、场地驾驶技能、道路驾驶技能、安全文明驾驶常识和汽车维护保养常识；介绍了科目一考试的各知识点和学习考试技巧，通过科目二考试项目所需的操作要点和方法，以及通过科目三道路驾驶技能考试和安全文明驾驶常识考试所需的操作规范与知识。另外，本书还增加了强化训练项目，帮助学车考证人员更快、更好地掌握驾驶技巧。

　　本书共分为七章，分别针对学车考证须知、汽车驾驶入门知识、科目一考试（道路交通安全法律、法规和相关知识）、科目二考试（场地驾驶技能）、科目三考试（道路驾驶技能部分）、科目三考试（安全文明驾驶常识部分）和汽车维护保养常识，配合高清彩图进行讲解。

　　为方便读者学习理解，本书还配套了动画视频课程，读者扫描书中二维码即可观看学习。

　　掌握安全驾驶技术、顺利通过各项考试并不难，关键是在系统理论的指导下，多多练习、用心体会。相信各位学车考证人员一定能顺利拿到机动车驾驶证，也相信本书能为驾驶人员安全驾驶提供帮助。

　　由于编者水平有限，疏漏之处在所难免，敬请读者朋友批评指正！

编　者

全书动画视频

目 录
Contents

前言

第一章　学车考证须知
一、驾驶证申办规程 /001

二、驾校学车选择 /006

第二章　汽车驾驶入门
一、汽车仪表与仪表灯识别 /009

二、汽车常用操纵件操作 /016

三、汽车驾驶准备操作规范 /025

四、汽车基础驾驶操作规范 /029

第三章　科目一考试：道路交通安全法律、法规和相关知识
一、考试规程 /035

二、考试辅导 /037

第四章　科目二考试：场地驾驶技能
一、考试规程 /046

二、专项考试辅导 /050

三、强化场地驾驶技能 /062

第五章　科目三考试：道路驾驶技能

一、考试规程 /067

二、专项考试辅导 /073

三、强化道路驾驶技能 /084

第六章　科目三考试：安全文明驾驶常识

一、考试规程 /114

二、考试辅导 /116

三、强化安全文明驾驶 /117

第七章　汽车维护保养常识

一、汽车的结构与组成 /132

二、车辆保养 /142

三、车辆停放 /150

参考文献 /152

汽车考证驾驶一本通

第一章 学车考证须知

一、驾驶证申办规程

1. 驾驶证申请

（1）机动车驾驶证

驾驶机动车应当依法取得机动车驾驶证，如图1-1所示。

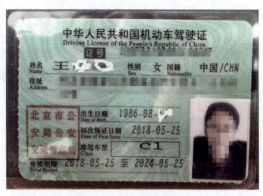

图1-1 机动车驾驶证

机动车驾驶人准予驾驶的车型顺序依次分为大型客车、重型牵引挂车、城市公交车、中型客车、大型货车、小型汽车、小型自动档汽车、低速载货汽车、三轮汽车、残疾人专用小型自动档载客汽车、轻型牵引挂车、普通三轮摩托车、普通二轮摩托车、轻便摩托车、轮式专用机械车、无轨电车和有轨电车。

机动车驾驶证记载和签注以下内容：

①机动车驾驶人信息：姓名、性别、出生日期、国籍、住址、身份证明号码（机动车驾驶证号码）、照片。

②车辆管理所签注内容：初次领证日期、准驾车型代号、有效期限、核发机关

印章、档案编号、准予驾驶机动车听力辅助条件。

机动车驾驶证有效期分为 6 年、10 年和长期。

（2）申请机动车驾驶证的年龄条件

①申请小型汽车、小型自动档汽车、残疾人专用小型自动档载客汽车、轻便摩托车准驾车型的，在 18 周岁以上。

②申请低速载货汽车、三轮汽车、普通三轮摩托车、普通二轮摩托车或者轮式专用机械车准驾车型的，在 18 周岁以上，60 周岁以下。

③申请城市公交车、中型客车、大型货车、轻型牵引挂车、无轨电车或者有轨电车准驾车型的，在 20 周岁以上，60 周岁以下。

④申请大型客车、重型牵引挂车准驾车型的，在 22 周岁以上，60 周岁以下。

⑤接受全日制驾驶职业教育的学生，申请大型客车、重型牵引挂车准驾车型的，在 19 周岁以上，60 周岁以下。

（3）申请机动车驾驶证的身体条件

①身高：申请大型客车、重型牵引挂车、城市公交车、大型货车、无轨电车准驾车型的，身高为 155 厘米以上。申请中型客车准驾车型的，身高为 150 厘米以上。

②视力：申请大型客车、重型牵引挂车、城市公交车、中型客车、大型货车、无轨电车或者有轨电车准驾车型的，两眼裸视力或者矫正视力达到对数视力表 5.0 以上。申请其他准驾车型的，两眼裸视力或者矫正视力达到对数视力表 4.9 以上。单眼视力障碍，优眼裸视力或者矫正视力达到对数视力表 5.0 以上，且水平视野达到 150 度的，可以申请小型汽车、小型自动档汽车、低速载货汽车、三轮汽车、残疾人专用小型自动档载客汽车准驾车型的机动车驾驶证。

③辨色力：无红绿色盲。

④听力：两耳分别距音叉 50 厘米能辨别声源方向。有听力障碍但佩戴助听设备能够达到以上条件的，可以申请小型汽车、小型自动档汽车准驾车型的机动车驾驶证。

⑤上肢：双手拇指健全，每只手其他手指必须有三指健全，肢体和手指运动功能正常。但手指末节残缺或者左手有三指健全，且双手手掌完整的，可以申请小型汽车、小型自动档汽车、低速载货汽车、三轮汽车准驾车型的机动车驾驶证。

⑥下肢：双下肢健全且运动功能正常，不等长度不得大于 5 厘米。单独左下肢缺失或者丧失运动功能，但右下肢正常的，可以申请小型自动档汽车准驾车型的机动车驾驶证。

⑦躯干、颈部：无运动功能障碍。

⑧右下肢、双下肢缺失或者丧失运动功能但能够自主坐立，且上肢符合本项第5条规定的，可以申请残疾人专用小型自动档载客汽车准驾车型的机动车驾驶证。一只手掌缺失，另一只手拇指健全，其他手指有两指健全，上肢和手指运动功能正常，且下肢符合本项第6条规定的，可以申请残疾人专用小型自动档载客汽车准驾车型的机动车驾驶证。

⑨年龄在70周岁以上能够通过记忆力、判断力、反应力等能力测试的，可以申请小型汽车、小型自动档汽车、残疾人专用小型自动档载客汽车、轻便摩托车准驾车型的机动车驾驶证。

（4）不得申请机动车驾驶证的情况

①有器质性心脏病、癫痫病、美尼尔氏症、眩晕症、癔病、震颤麻痹、精神病、痴呆以及影响肢体活动的神经系统疾病等妨碍安全驾驶疾病的。

②三年内有吸食、注射毒品行为或者解除强制隔离戒毒措施未满三年，以及长期服用依赖性精神药品成瘾尚未戒除的。

③造成交通事故后逃逸构成犯罪的。

④饮酒后或者醉酒驾驶机动车发生重大交通事故构成犯罪的。

⑤醉酒驾驶机动车或者饮酒后驾驶营运机动车依法被吊销机动车驾驶证未满五年的。

⑥醉酒驾驶营运机动车依法被吊销机动车驾驶证未满十年的。

⑦驾驶机动车追逐竞驶、超员、超速、违反危险化学品安全管理规定运输危险化学品构成犯罪依法被吊销机动车驾驶证未满五年的。

⑧因本款第四项以外的其他违反交通管理法律法规的行为发生重大交通事故构成犯罪依法被吊销机动车驾驶证未满十年的。

⑨因其他情形依法被吊销机动车驾驶证未满二年的。

⑩驾驶许可依法被撤销未满三年的。

⑪未取得机动车驾驶证驾驶机动车，发生负同等以上责任交通事故造成人员重伤或者死亡未满十年的。

⑫三年内有代替他人参加机动车驾驶人考试行为的。

⑬法律、行政法规规定的其他情形。

未取得机动车驾驶证驾驶机动车，有第五项至第八项行为之一的，在规定期限内不得申请机动车驾驶证。

（5）初次可申请的准驾车型

初次申领机动车驾驶证的，可以申请准驾车型为城市公交车、大型货车、小型汽车、小型自动档汽车、低速载货汽车、三轮汽车、残疾人专用小型自动档载客汽车、普通三轮摩托车、普通二轮摩托车、轻便摩托车、轮式专用机械车、无轨电车、有轨电车的机动车驾驶证。

（6）按规定向车辆管理所提出申请

车辆管理所如图 1-2 所示。

图 1-2　车辆管理所

①在户籍所在地居住的，应当在户籍所在地提出申请。

②在户籍所在地以外居住的，可以在居住地提出申请。

③现役军人（含武警），应当在部队驻地提出申请。

④境外人员，应当在居留地或者居住地提出申请。

⑤申请增加准驾车型的，应当在所持机动车驾驶证核发地提出申请。

⑥接受全日制驾驶职业教育，申请增加大型客车、重型牵引挂车准驾车型的，应当在接受教育地提出申请。

（7）机动车驾驶证申请需要提交的证明

申请机动车驾驶证，应当确认申请信息，并提交以下证明：

①申请人的身份证明。

②医疗机构出具的有关身体条件的证明。

（8）军警驾驶证申请需提交的证明

持军队、武装警察部队机动车驾驶证的人申请机动车驾驶证，应当确认申请信息，并提交以下证明、凭证：

①申请人的身份证明。属于复员、转业、退伍的人员，还应当提交军队、武装

警察部队核发的复员、转业、退伍证明。

②医疗机构出具的有关身体条件的证明。

③军队、武装警察部队机动车驾驶证。

2. 机动车驾驶人考试

（1）考试科目

机动车驾驶人考试内容分为道路交通安全法律、法规和相关知识考试科目（简称科目一）、场地驾驶技能考试科目（简称科目二）、道路驾驶技能和安全文明驾驶常识（简称科目三）考试科目。

（2）考试要求

车辆管理所应当按照预约的考场和时间安排考试。

申请人科目一考试合格后，可以预约科目二或者科目三道路驾驶技能考试。有条件的地方，申请人可以同时预约科目二、科目三道路驾驶技能考试，预约成功后可以连续进行考试。科目二、科目三道路驾驶技能考试均合格后，申请人可以当日参加安全文明驾驶常识考试。

初次申请机动车驾驶证或者申请增加准驾车型的，科目一考试合格后，车辆管理所应当在一日内核发学习驾驶证明。

申请人在场地和道路上学习驾驶，应当按规定取得学习驾驶证明。学习驾驶证明的有效期为三年，但有效期截止日期不得超过申请年龄条件上限。申请人应当在有效期内完成科目二、科目三考试。未在有效期内完成考试的，已考试合格的科目成绩作废。

> **考试注意事项**
>
> 每个科目考试一次，考试不合格的，可以补考一次。不参加补考或者补考仍不合格的，本次考试终止，申请人应当重新预约考试，但科目二、科目三考试应当在十日后预约。安全文明驾驶常识考试不合格的，已通过的道路驾驶技能考试成绩有效。
>
> 在学习驾驶证明有效期内，科目二和科目三道路驾驶技能考试预约考试的次数分别不得超过五次。第五次考试仍不合格的，已考试合格的其他科目成绩作废。

3. 驾驶证考试报名流程

驾驶证考试报名流程如图 1-3 所示。

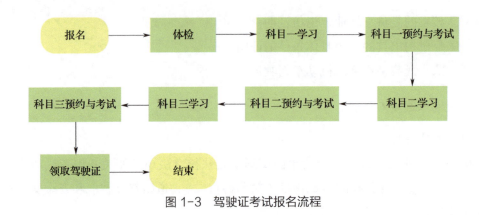

图 1-3　驾驶证考试报名流程

二、驾校学车选择

1. 驾校选择

（1）交通便利

最好是离家比较近的，如果家附近没有比较好的驾校，那就选择班车接送方便的驾校，解决在学车期间的交通问题。

（2）驾校培训规模

驾校的培训规模一般由驾校投入状况来定，可客观参考的指标包括注册资金、训练场地面积、驾校环境、训练教学设备投入、教练员数量、分校数量等。硬性规定的驾校规模考核指标分为：一类驾校必须保证有 50 辆以上的训练车，二类驾校必须保证 20 辆以上的训练车。一个驾校的规模在一定程度上代表了其实力，也能客观推算出其每月能容纳的培训人数。

（3）驾校培训合格率

驾校的培训合格率关系到学员能否一次考试合格拿到驾驶证。目前驾驶考试要求越来越严格，驾驶考试难度越来越大，不同驾校的学员考试合格率存在差异。

（4）驾校教练素质和培训质量

驾校教练就是我们学车的师傅，一个好的教练不但能保证我们尽快通过考试，还能教我们很多考试技巧之外的驾驶知识和驾驶经验，驾校教练素质和培训质量在一定程度上能影响我们学车的水平和以后驾驶的一些习惯。

（5）驾校管理水平

驾校管理水平在某种程度上会影响我们的一些权益能否得到保障，也影响驾校的教练水平和培训效果。驾校的管理水平可以从几个方面去了解，比如驾校对学员承诺兑现如何、驾校的投诉情况以及对投诉的处理方式、是否提供多种学车班次及预约计时服务，以及驾校对教练的管理制度等方面。

（6）驾校练车宽松度

驾校练车宽松度是关系到我们能否尽快拿到驾驶证的一个因素，也影响我们的学车时间安排。驾校练车宽松度取决于驾校当前积压的未毕业学员数量和驾校的每月培训容量，当学员积压过多，超过驾校的培训容量时，驾校练车宽松度也将受到限制。

（7）驾校评价

驾校评价在网络上可以部分搜索到，有褒有贬，没有完美的驾校，需要大家全面考虑。

（8）收费标准

选择驾校不要仅仅因为报名费便宜而选择。除了报名费、补考费等，是否会有其他额外费用都要了解清楚。

2. 驾校学车模式选择

为方便广大学员学车，很多驾校开设了多种学车模式，供不同情况的学员选择。

1）根据时间划分为全日制班、双休日班、上午班、下午班和晚班。

2）根据车型划分为轿车班和大货车班。其中，轿车班又分为手动档班和自动档班。

3）根据学费划分为贵宾班、普通班和经济班。区别在于每辆车训练学员的数量及服务项目不同。

4）根据个性需求划分为寒暑假班、女子培训班、情侣培训班和老年培训班等。

3. 学驾车型选择

一般驾校的学驾车型主要有三种，即大型货车（B2）、小型手动档汽车（C1）和小型自动档汽车（C2），学员在学车前要慎重选择。否则，当学到中途时，感觉自己真的没有能力驾驭所学车型，再想更换学驾车型，重新申报手续就很烦琐，有的车型还需要补交收费差额，有的手续到学习的后期无法变更，只有重新交费从头再来。这样一来，学员本身学习汽车驾驶的信心不仅会受到影响，同时经济上也会受到损失，而且学车时间会随之增长造成时间上的浪费。

学驾车型应根据职业、年龄、性别、身体状况等因素进行选择，具体选择方法如下：

①大型货车、大型客车、牵引车以及城市公交车这类车型体积大，操作难度也大，法规对这类车型操作要求相对较高。这类车型适合于准备从事汽车驾驶职业（专职驾驶员）的人员选择，一般为年轻的男性。

②小型手动档汽车的优点是提速快、节能，维护费用相对经济。手动档车型有离合器踏板装置，属于外分离变速机构。学习手动档机动车的驾驶操作比自动档机动车稍难一些。手动档车型操作起来要求较多，如离合器的控制能力、左右脚配合能力、手脚配合的熟悉程度和协调性等。手动档车型适合手脚配合能力较强的中青年群体或者车感较好的人士选择。

③小型自动档汽车没有离合器踏板装置，属于内分离装置，车辆可根据不同的行驶速度自动变换档位。自动档车型操作简便、易学、好掌握，坡道起步不易溜车，正常行驶中不会出现人为熄火现象。自动档车型适合于年龄偏大、女性，包括左下肢有残疾的人士选择，同时也适合手脚协调能力差的人士选择。

第二章 汽车驾驶入门

一、汽车仪表与仪表灯识别

1. 汽车仪表

组合仪表是人和汽车的交互界面,是汽车车速、发动机转速、燃油量、冷却液温度(俗称水温)等仪表及汽车运行、故障等指示信息的集成部件。

(1)汽车车速表

作用:显示车辆的行驶速度,如图 2-1 所示。

读法:单位是千米/时(km/h,读作千米每小时,俗称公里每小时),例如指针指向 100,则读 100 千米每小时,表示当前车速为 100 千米/时。

(2)汽车发动机转速表

作用:反映发动机的工况,测量单位是转/分(r/min,俗称转每分钟),反映发动机曲轴的每分钟转数,如图 2-2 所示。

读法:比如发动机怠速时,一般是 700~1100 转/分,也就是转速表的指针在 1 附近。例如指针指向 2,则是 2000 转/分。

图 2-1 汽车车速表

图 2-2 汽车发动机转速表

(3)燃油表

作用：燃油表指示汽车燃油箱内的存油量，如图2-3所示。

读法：燃油表上的"E"为燃油存量为空，接近于没有油；"F"为燃油存量为满；在"E"和"F"之间有3/4、1/2、1/4表示当前的燃油存量。

(4)冷却液温度表

作用：冷却液温度表显示发动机的工作温度，如图2-4所示。

读法：冷却液温度是从C到H，C表示60℃，只要冷却液温度表指针指向C，就表示冷却液温度已经达到60℃；H红格表示的温度是110℃，指针进入红色区域冷却液温度过高。从C到H之间可以估计发动机的工作温度。

图2-3 燃油表

图2-4 冷却液温度表

(5)里程表

作用：汽车里程表的作用是指示汽车行驶速度和累计行驶里程，如图2-5所示。

读法：km前的数表示车辆行驶了多少千米。

汽车里程表总里程数一般是一个6位数的数字，只能单向增加，显示车辆行驶的总里程。总里程数下面的数字是从A地到达B地的里程数。

图2-5 里程表

2. 汽车仪表灯

汽车仪表灯可以分为三类，如图2-6所示，包括指示灯、警告灯和故障灯。它们根据危险系数的不同，分为绿、黄和红三种颜色。如果有红色指示灯亮起，那么车主应该及时停车并进行检查。

蓄电池充电故障指示灯
机油压力警告灯
机油油位过低警告灯
发动机舱盖打开指示灯
转向助力系统故障灯
电子转向系统警告灯
安全带指示灯
制动系统警告灯
智能钥匙系统警告灯
转向系统警告灯
车门未关闭指示灯
霜冻指示灯
电子转向盘锁止警告灯
灯泡损坏故障指示灯
车道保持指示灯
信息指示灯
自动变速器油温警告灯
乘客安全带未系指示灯
电子节气门控制指示灯
车身太低警告灯
无法检测到钥匙指示灯
制动系统警告灯
转向锁止系统故障灯
发动机机油量警告灯
动力蓄电池故障指示灯
发动机排放系统警告灯
安全带/安全气囊警告灯
ABC（主动车身控制系统）故障灯
动力蓄电池过热警告灯
动力蓄电池故障灯
电动机及控制器过热指示灯
充电线连接指示灯
发动机故障灯/尾气排放故障灯
EPC（发动机功率控制系统）指示灯
发动机系统故障警告灯
DSC（车身稳定控制系统）警告灯
车辆维修警告灯
超声波倒车辅助指示灯
安全气囊警告灯
安全气囊警告灯
ABS（防抱死制动系统）指示灯
盲区监测指示灯
传动系统警告灯
前向碰撞预警提示灯
蓄电池工作状态指示灯
车身稳定控制系统关闭指示灯
车身稳定控制系统指示灯
燃油表/加油口盖位置指示灯
变速器过热警告灯
DBC（下坡制动控制）指示灯
燃油液位低警告灯
自动变速器故障警告灯
差速锁指示灯
ABC（主动车身控制）指示灯
空气滤清器更换警告灯
挂车结合器故障灯
自适应前照灯系统故障指示灯
自适应前照灯系统关闭指示灯
系统信息指示灯
车辆正被升起指示灯
防盗启动锁止系统指示灯
智能卡式遥控钥匙系统指示灯
牵引力关闭指示灯
冷却液液位过低警告灯
夜视功能指示灯
燃油不足警告灯

图 2-6　汽车仪表灯

AFS（自适应前照灯系统）指示灯
电子驻车制动系统警告灯
踩制动/离合踏板指示灯
运动模式指示灯
车距警告灯
遥控器电量低警告灯
SOS（救援）呼叫警告灯
汽车需要维修警告灯
遥控器警告灯
发动机动力部分损失指示灯
制动温度过高警告灯
变速杆不可设置P档指示灯
变速杆不可设置P档指示灯
空调滤清器故障灯
HDC（坡道车速控制系统）指示灯
车外温度指示灯
车窗防夹功能指示灯
灯泡损坏故障灯
灯泡损坏故障灯
天窗防夹功能指示灯
自适应前照灯系统故障灯
制动片磨损指示灯
车辆保养指示灯
服务有效指示灯
冷却液温度报警指示灯
发动机预热指示灯
自适应弯道灯故障指示灯
超出限速警告灯
时间和日期错误指示灯
发动机防盗锁止系统故障灯
乘客侧气囊指示灯
前排安全带指示灯
制动系统故障灯
驻车制动指示灯
乘客侧气囊指示灯
VSA（车辆稳定控制系统）指示灯
VSA（车辆稳定控制系统）指示灯
发动机电子防盗指示灯
燃油液位低警告灯
保持模式指示灯
灯泡损坏故障指示灯
后雾灯指示灯
行李舱盖未关闭警告灯
后窗加热故障灯
EBD（电子制动力分配）故障灯
驻车辅助指示灯
智能进入和启动系统指示灯
超速档关闭指示灯
坡道起步辅助警告灯
霜冻警告灯
轮胎压力异常警告灯
可调空气悬架指示灯
清洗液液位低故障灯
清洗液液位低故障灯
光线/雨量传感器故障灯
钥匙不在车内提示灯
灯泡损坏指示灯
钥匙在车外警告灯
动力转向警告灯
安全指示灯
VSC（车辆稳定控制系统）指示灯
防滑指示灯
VDC（车身动态稳定系统）关闭指示灯
ESP（车身稳定控制系统）关闭指示灯
EPS（电子转向助力系统）指示灯
发动机起动系统故障灯
低压轮胎位置指示灯
燃油滤清器警告灯
TCS（牵引力控制系统）指示灯
TCS（牵引力控制系统）指示灯
轮胎压力监测指示灯
柴油颗粒滤清器指示灯

图 2-6　汽车仪表灯（续）

图 2-6　汽车仪表灯（续）

3. 汽车常见故障灯解析

（1）发动机故障指示灯

点火开关打开后点亮，三四秒后熄灭（部分车型起动发动机后指示灯才熄灭），起动发动机后，指示灯应熄灭，否则说明发动机系统有故障，需要检查维修。

（2）冷却液温度报警指示灯

显示发动机冷却液温度过高或者缺少冷却液的指示灯。此灯点亮时，首先立即靠边停车并关闭发动机，检查是否缺少冷却液，或者是冷却液温度过高，待冷却至发动机正常工作温度时再补充冷却液或者继续行驶。

（3）蓄电池充电指示故障灯

显示发电机工作状态的指示灯，点火开关打开时指示灯点亮，起动发动机后，指示灯熄灭。如果指示灯不亮或者长亮，说明充电系统有问题，需要立即维修。如果发电机传动带没有损坏或者脱落，该灯亮时，关闭空调和前照灯仍然能够行驶30~50千米，是因为此时由蓄电池对车辆电器系统进行供电。

（4）机油压力指示灯

显示发动机机油压力的指示灯，该灯亮起表示发动机润滑系统失去压力，可能是缺少机油，也可能是润滑系统故障或者是机械故障。此时需立即将发动机关闭，并进行检查维修或者拖车至维修厂。如果继续行驶，会造成发动机的过度损坏。

（5）制动系统指示灯

有的车辆将驻车制动指示灯和制动系统指示灯合二为一，驻车制动（俗称手刹）拉起时，该指示灯点亮。如果制动液不足或者制动压力不正常，此指示灯也会点亮。如果指示灯长亮，说明制动系统有故障，有部分车辆在防抱死制动系统指示灯点亮的同时也会点亮该指示灯。

（6）安全气囊工作指示灯

显示安全气囊是否正常工作的指示灯，有的车是用英文字符 SRS 表示。点火开关打开该指示灯点亮，7秒内应该熄灭，如果该指示灯长亮或者不亮，说明安全气囊系统有故障，需要维修。

（7）防抱死制动系统工作状态指示灯

防抱死制动系统，简称 ABS 系统，英文为 Anti-lock Brake System。点火开关打开后4秒左右，该指示灯熄灭，车辆行驶过程中该灯不点亮，说明 ABS 系统工作正常；如果长亮或者不亮，说明系统有故障，此时可以继续行驶车辆，但应该避免高速急制动。

（8）燃油液位低报警指示灯

燃油不足指示灯，表示燃油即将耗尽。

（9）EPC 指示灯

发动机功率指示灯，或者叫电子节气门指示灯。该灯点亮时表示电控发动机有故障。当该指示灯在车辆行驶过程中点亮时，说明电控发动机系统出现了问题，应尽快到维修厂进行检查维修。部分车型如果是偶发性故障，将发动机关闭，重新起动，可以暂时恢复正常。

（10）车辆维修保养提示灯

扳手符号代表维修保养提示灯，提醒我们车辆要进行更换机油机滤等保养。

（11）制动摩擦片指示灯

该灯点亮说明制动摩擦片已经磨损到极限安全位置，需要进行更换制动摩擦片的维修。如果制动摩擦片磨损少，而该灯点亮，说明该指示灯的线路或者仪表报警系统有故障，首先进行指示报警灯的维修。

（12）轮胎压力过低报警指示灯

该指示灯点亮说明轮胎气压有流失现象，检查轮胎没有明显过低过瘪时，可以将车开到维修厂或者轮胎店检查轮胎压力不足的原因，如果轮胎压力正常，说明指示系统有问题，需要进行维修。

（13）电动转向机故障指示灯

该指示灯主要用在装配有电动转向机构的车辆中，当指示灯点亮时，说明电动转向系统有故障，需要及时维修，此时电子转向锁系统不能正常工作。

（14）车身电子稳定系统指示灯

车身电子稳定系统工作指示灯，当打开点火开关时，该指示灯点亮，几秒钟后熄灭。如果长亮或者不亮，都说明系统有故障。

（15）安全带工作指示灯

当点火开关打开时，该指示灯亮起，系上安全带时，指示灯熄灭，通常主要指示前排的二个座椅安全带。

（16）防盗系统指示灯

该指示灯亮起说明车辆的防盗系统已经触发，车辆处于锁止状态，需要进行解码。但有时该指示灯因为干扰或者其他原因而触发时，发动机仍然可以起动，此种情况需到维修厂进行检查维修。

（17）低温或者霜冻指示灯

该灯亮起表示车辆外部环境温度过低，提醒驾驶人谨慎驾驶，以防路面结冰打滑。

（18）刮水器清洗液液位过低指示灯

该灯亮起提醒需要加注刮水器清洗液（俗称玻璃水）。

（19）灯泡损坏故障指示灯

该灯亮起提示有灯泡不能正常工作或者损坏。如果该灯亮起，需仔细检查全车灯光，当目测没有问题时，可以借助仪器对车载电脑进行诊断。如果灯泡功率不相同，该指示灯也会点亮。

（20）牵引力控制系统关闭指示灯

该指示灯亮起说明车辆电控发动机或底盘系统出现故障。车辆关闭最大动力，处于一种保护状态，需要维修检测。另外，在车辆制动片磨损过多导致制动液位偏低，制动报警灯间断点亮也会导致牵引力控制系统关闭。

（21）传动系统故障指示灯（变速器过热指示灯）

该灯亮起说明底盘或者变速器温度过高，需要检查维修。

（22）冷却液液位不足指示灯

该灯亮起提示冷却液不足，需要及时补充冷却液。另外，在车辆处于热车时要谨慎打开冷却液箱盖，以防烫伤。

二、汽车常用操纵件操作

汽车常用操纵件主要有离合器踏板、制动踏板、转向盘、加速踏板和变速杆（换档操纵手柄，俗称换档杆）及各种开关。

1. 离合器踏板

离合器踏板的作用：直接作用是通过驾驶人的正确操纵，实现离合器前后部分（发动机和变速器）的接合和分离；间接作用是能够间接实现起步、变速、倒车、制动。

（1）踩离合器踏板的要领

在踩离合器踏板时，尽量使用左前脚掌踩，这样不仅能用上劲，而且踩得比较稳当、彻底，不要用脚心或者脚后部踩离合器。

起步或者变速时，要快速地踩下离合器，不要太慢或者断断续续地踩。

在踩离合器时，一定要踩到底，否则会加快离合器的磨损，长此以往还会导致挂档困难。

（2）抬离合器踏板的要领

按"两快、两慢、一停顿"抬离合器踏板，如图2-7所示。

离合器踏板快踩慢抬。踩下离合器后，迅速换档或起步成功后，要慢慢地抬起离合器踏板，特别是换2档和3档时，尤其要慢，否则汽车会发生闯动。

找准半联动的位置。在坡道起步时，为避免溜车，经常会用到离合半联动的情况，即车辆处于既不后退也不前进的状态。如陡坡等红绿灯或者堵车，起步时要让离合器踏板抬到半联动的位置，然后再踩加速踏板，慢抬离合器踏板，车辆就会前进。

> **注意** 避免把脚长时间放在离合器踏板上。在用不到离合器时，一定要把脚从离合器踏板上移开，否则会加大离合片的磨损。

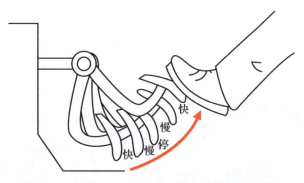

图 2-7　按"两快、两慢、一停顿"抬离合器踏板

2. 转向盘

（1）转向盘的握法

操作小型车辆转向盘时，左手握在"时钟"的 9~10 时的位置，右手握 2~3 时的位置，拇指在转向盘缘自然伸直，其他四指由外向内握住转向盘缘，如图 2-8 所示。

图 2-8　小型车辆转向盘握法

（2）转向盘的操作

①推拉法：这种操作方法适用于直线行驶时的方向修正，操作时以左手为主、右手为辅，少打少回，保证直线行驶。

②传递法：适用于车辆一般缓弯，操作时先拉动后回送。当车辆右转弯时，右

手给力到转向盘下方，左手下滑至适当位置接替右手往上推动，回方向时动作相反；左转弯时，左手给力到转向盘下方，右手下滑至适当位置接替左手往上推动，回方向时动作相反。

③交叉法：用于车辆急转弯或掉头等。以车辆左转弯为例，操作时左手给力右手上推，两手交叉时左手松开转向盘，移到右上方接转向盘转拉，右手在下方翻手，继续上推，回方向时按相反方向进行。

操作转向盘时，双手应轻松自如，推、接、拉、回适度，步骤如图2-9~图2-12所示。

图2-9　以左手为主用力开始转动，右手辅助转动

图2-10　以左手为主继续转动

图2-11　左手转动到不方便再转的位置后右手握住左上方，左手松开

图2-12　右手转动转向盘，左手转换姿势回原位

3. 加速踏板

（1）加速踏板的作用

加速踏板的主要作用是控制节气门的开度（俗称油门），从而控制发动机的动力输出。

（2）踩加速踏板的要领

踩加速踏板时，将右脚跟放在驾驶舱地板上作为支点，脚掌轻踩在加速踏板上，用踝关节的伸屈动作，踩下或抬起，用力要柔和，做到轻踩缓抬。不能忽快忽慢，也不能忽踏忽抬，更不能一脚踏到底。抬起加速踏板时，一定要缓抬，不能一下抬到顶。

车辆行驶中，右脚除必须使用制动踏板的情况外，其他时间应轻松地放在加速踏板上。踩下和抬起加速踏板时，用力要柔和，不可猛踩急抬或连续抖动。

除车辆需要快速提速外，如超车或行驶中短距离加速时，加速踏板快速抬起，不存在缓慢抬起过程。

4.制动踏板

（1）制动踏板的作用

汽车制动踏板的作用是制动和减速。

（2）踩制动踏板的要领

①缓慢制动。缓慢制动是踏下离合器踏板，同时放松加速踏板，将变速杆推至低速档位置，随即抬起离合器踏板，右脚迅速放在制动踏板上，减慢车速至停车点距离，逐渐用力踏下制动踏板直至停车。

②紧急制动。紧急制动又分为中低速行驶时的紧急制动和高速行驶时的紧急制动。中低速行驶时的紧急制动：双手紧握转向盘，快速踏下离合器踏板，几乎同时踏下制动踏板，采取一脚踏死的方法，使汽车迅速停止。高速行驶时的紧急制动：因车速高，惯性大，稳定性差，为了增加制动效能和提高汽车的稳定性，操作时应先踏下制动踏板，在车轮抱死前再踏下离合器踏板，以利用发动机低转速牵制车速。车轮抱死后，前轮转向即失去控制，车身易侧滑。为防止侧滑，应稍微放松制动踏板以调正车身。

③联合制动。联合制动是变速杆在档内放松加速踏板，利用发动机转速牵引阻力降低车速，同时踏下制动踏板使车轮制动，这种靠发动机牵引阻力和车轮制动器制动来减速的方法称为联合制动。联合制动在正常车辆行驶需减速时运用较多，操作重点是当车速低于本档位内车速最低标准时，应及时调整低一档位，否则将会加速损坏传动系统。

④间歇制动。间歇制动是断续踏下和放松制动踏板的一种制动方法。在山区行车时由于连续下坡，制动系统易产生高温，造成制动性能降低。为防止制动系统温度过高，驾驶人常使用间歇制动方法。另外，气制动装置因进气量不易掌握也可使

用快速间歇制动。

踩制动踏板脚部放置的位置正误如图 2-13 所示。除图 2-13a 所示外均不正确。

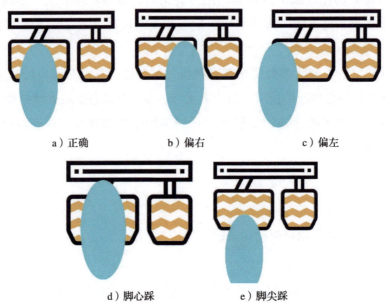

图 2-13 踩制动踏板脚部放置的位置正误

5. 变速杆

变速杆的作用是通过换档来改变发动机的输出转矩和转速，通过变换不同档位或分离变速器内相应的各档齿轮，使汽车加速、减速或倒车。

（1）手动变速杆

手动变速杆球头握法：以掌心贴住变速杆球头，五指向下握住球心，如图 2-14 所示。

操纵变速杆时，应以手腕和肘部的力量为基础，肩关节为补充，随着推拉方向的变化，掌心球头方向可适当改变，以适应不同齿轮力方向的需要。

图 2-14 手动变速杆

注意　操纵变速杆时，驾驶人目视前方，左手握着转向盘，右脚抬起加速踏板的同时，左脚踩下离合器踏板，右手用手腕、肘关节的适当力量，将变速杆准确推入或拉出预选档位。

操纵手动变速杆要配合离合器一起使用，每变换一次档位都要踩下离合器踏板才能拉动变速杆。

（2）自动变速杆

自动变速器档位显示如图 2-15 所示。

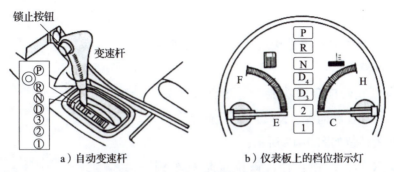

a）自动变速杆　　　　　　　b）仪表板上的档位指示灯

图 2-15　自动变速器档位显示

自动变速杆球头上设有换档锁定解除按钮，各档位置如图 2-15a 所示。

各档位置在仪表板上也有显示，各字母含义如下。

P 位：停车档，停车和起动发动机时使用。

R 位：倒车档，车辆倒退时使用。

N 位：空档，该档位不能传递动力，保持车辆熄火停止状态（该档位也能起动发动机，安全起见，应在 P 位起动发动机）。

D 位：前进档，通常行驶时使用。

3 位：坡度高速档，发动机制动时使用，用于丘陵起伏路段。

2 位：长坡档（次低速档），需要发动机制动时使用，用于长距离爬坡和下缓坡时。

1（L）位：低速档，需要发动机制动时使用，用于连续下坡和陡坡时变速杆处于 P 位，自动变速器中的停车锁止机构将变速器输出轴锁止使车辆驱动轮不能转动，可防止车辆移动。

只有在 P 位和 N 位，才能打开点火开关起动发动机。发动机熄火后，只有在 P 位才能拔下点火钥匙。

6. 驻车制动器操纵杆

驻车制动器操纵杆的功能用于停车后的制动，以防止汽车溜动，进而辅助行车制动器，以加强整车的制动效能，以及在上坡路段上的起步。

操纵驻车制动器操纵杆时，将杆柄向后拉紧，观察驻车指示灯亮起；解除时，先将操纵杆稍向后拉，然后大拇指按下杆头按钮，再将杆向下推送到底，如图 2-16

所示，观察驻车指示灯熄灭。

7. 开关

汽车开关主要有点火开关、灯光及信号灯开关、刮水器开关。

（1）点火开关

汽车点火开关的作用是接通或切断起动机的点火和电器线路。

还具有锁止转向盘的功能，断开点火开关，拔出钥匙后可锁住转向盘，使转向盘不能转动。

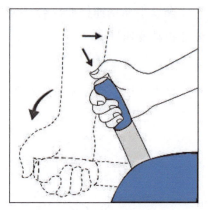

图 2-16　解除驻车制动器操纵杆的操作

点火开关档位如图 2-17 所示：

① LOCK 档，即锁止档，该位置是汽车钥匙插入和拔出的位置。此时，车辆除了防盗功能和车内小灯起动外，电路是完全关闭的，转向盘也被锁止。驾驶人员锁车离开后，汽车处于"LOCK"状态，此时不仅钥匙门锁住，全车的电源也都被切断。

图 2-17　点火开关档位

② ACC 档，即附件通电档，将钥匙拧到该位置，接通附件电路，可以使用收音机、空调等设备。

③ ON 档，即接通档，将钥匙拧到该位置，全车的电路通电，系统会为汽车发动机的起动做准备工作和自检工作。车辆正常行驶时，钥匙会保持在该位置。

④ START 档，即发动机起动档，将钥匙拧到该档位时，汽车的机电路接通，汽车发动机运转，松开钥匙后会自动恢复到 ON 档。

（2）灯光及信号灯开关

灯光及信号灯开关包括示廓灯开关、近光灯开关、远光灯开关、变光警告灯开关、前/后雾灯开关、左/右转向灯开关。

① 小灯（示廓灯）操作规范：打开小灯时应将灯光组合开关逆时针旋转一档。此时，车头两个白色小灯、车尾两个红色小灯、牌照灯以及车内仪表灯同时点亮。关闭时顺时针旋转一档。

② 前照灯（近光灯）操作规范：前照灯俗称大灯。需要打开前照灯（近光灯）时应将灯光组合开关逆时针旋转至第二档（自动感应灯光为大灯近光），此时，车头的两个前照灯（近光灯照射距离为 50 米左右）、两个白色小灯、车尾两个红色小灯、

牌照灯以及车内仪表灯同时点亮。关闭时，应将灯光组合开关顺时针旋转一档。

③前照灯（远光灯）操作规范：远光灯的使用是在点亮前照灯近光的基础上，用左手拇指挂在转向盘上，其他四个手指并拢用手背将灯光开关的手柄向前推一档。此时，车头的两个前照灯远光、两个前照灯近光、两个白色示廓灯、车尾两个红色小灯、牌照灯以及车内仪表灯同时点亮。

关闭远光灯时还是用左手拇指挂在转向盘上，其他四个手指向后（转向盘一侧）勾一下灯光开关的手柄，远光灯即关闭。

④雾灯操作规范：雾灯的使用必须是在点亮示廓灯或前照灯的基础上（即不点亮小灯或大灯，雾灯无法点亮）才可以点亮雾灯。即先将灯光开关打开，再将灯光开关手柄中间部位的"环形开关"顺时针旋转一档，前雾灯点亮，再向前旋转一档，后雾灯点亮。关闭时将灯光开关手柄中间部位的"环形开关"逆时针旋转一档，后雾灯关闭，再向后旋转一档，前雾灯关闭。

各种灯光开关的位置如图2-18~图2-20所示。

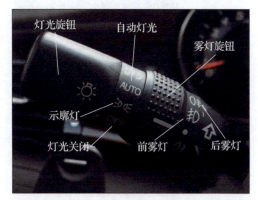

图2-18　灯光开关（有自动灯光）

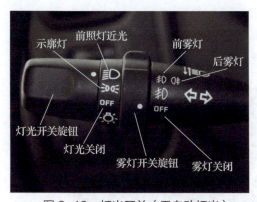

图2-19　灯光开关（无自动灯光）

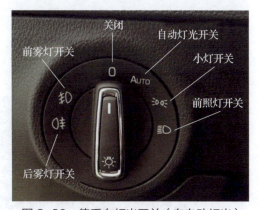

图2-20　德系车灯光开关（有自动灯光）

⑤转向灯操作规范：转向灯开关是转向盘左侧的灯光操纵杆，上、下拨动进行设置。操作时应将左手拇指握住转向盘并固定不动，其他四个手指并拢上下拨动进行操作。

打开左转向灯：应用左手拇指握在转向盘的九点位置，其他四指并拢伸平向下（驾驶人身体方向）拨动，左转向灯打开，如图2-21所示。

关闭左转向灯：应用左手拇指握在转向盘的九点位置，其他四指并拢伸平向上（前风窗玻璃方向）拨动，左转向灯关闭。

打开右转向灯：应用左手拇指握在转向盘的九点位置，其他四指并拢伸平向上（前风窗玻璃方向）拨动，右转向灯开亮，如图2-22所示。

关闭右转向灯：应用左手拇指握在转向盘的九点位置，四指并拢伸平向下（驾驶人身体方向）拨动，右转向灯关闭。

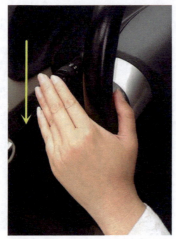
图2-21 向下拨动为左转向灯

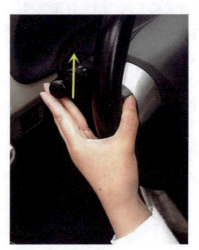
图2-22 向上拨动为右转向灯

（3）刮水器开关

刮水器开关的作用是控制完成刮水器高速、低速、复位、间隙、喷水等功能，设置在转向盘下右侧拨杆上，如图2-23所示。

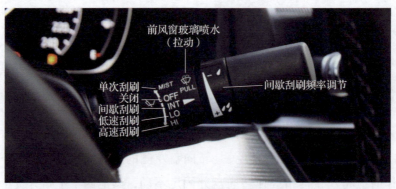
图2-23 刮水器开关图解

PULL（前风窗玻璃喷水）：刮水器开关向驾驶人方向拉动，前风窗玻璃喷水并刮动。

MIST（单次刮刷）：刮水器开关向上拨，然后自动回到关闭位置，刮水器刮刷一次。

INT（间歇刮刷）：刮水器开关向下拨一档，刮水器间隙刮刷，向上拨到关闭位置，刮水器停止工作。

LO（低速刮刷）：刮水器开关向下拨二档，刮水器低速刮刷，向上拨到关闭位置，刮水器停止工作。

HI（高速刮刷）：刮水器开关向下拨三档，刮水器高速刮刷，向上拨到关闭位置，刮水器停止工作。

三、汽车驾驶准备操作规范

1. 上下车动作

（1）上车动作

①安全检查：逆时针绕车一周检查，一是观察车辆周围交通安全和是否有障碍物；二是检查轮胎的磨损和胎压状况；三是观察车身有无异常，有无漏滴等，如图2-24所示。

图2-24 安全检查

②上车观察：打开车门前先向右转身看后方有无来车，确认安全后，打开车门上车。

③进入车内：左手打开车门，右手扶住车门，防止风刮动。左脚迈近一步，左手换扶车门内侧把手，右手握转向盘左下方，右脚一次伸向加速踏板前，然后按腰、身、头的顺序坐入驾驶舱。

④关好车门：收左脚关车门，注意不要用力太猛，将车门关到距车身10~20厘米时，确认不会夹到异物后，再用力关紧。

（2）下车动作

①安全确认：解除安全带，打开车门前先观察后视镜，看后方有无来车和行人。

②开车门（二次开门法）：左手打开车门后，扶车门内侧把手，第一次开度不宜过大，先打开车门10~20毫米，扭头向后观察无车辆、行人后再开大车门。

③下车：抬左脚伸出驾驶舱踏到地面，右手拉转向盘边缘，按头、身、腰的顺序下车。

④关闭车门：右脚落地下车，向右转身，左手稍用力将车门关闭并锁好。

2. 驾驶姿势

在驾驶车辆时驾驶人保持正确的驾驶姿势，不仅便于驾驶操作，使驾驶动作更准确、迅速、合理，而且能够减轻长时间驾驶的疲劳，还能保证驾驶人视野良好，如图2-25所示。

图2-25　驾驶姿势

3. 座椅调整

驾驶座椅调整到合适的位置，是提高驾驶安全性和稳定性的前提。现在很多轿车的驾驶座椅设计得都非常人性化，考虑到驾驶人不同的身材体形，可以做到多方向的调节。座椅调整有手动调整和电动调整两种方式。驾校的训练用车及考试用车上一般都是手动调整座椅。座椅调整方法如图 2-26 所示。

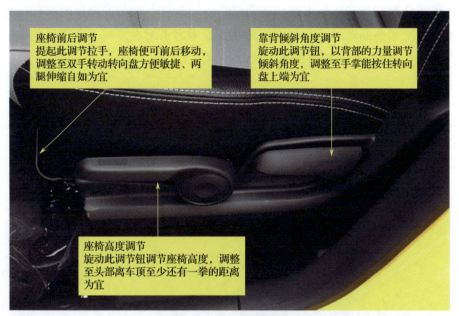

图 2-26　座椅调整方法

4. 后视镜调整

汽车后视镜的作用是观察汽车后方和侧方的路况信息，驾驶人通过后视镜看清楚后、侧方的车辆和行人，扩大了驾驶人的视野范围。为更好地发挥后视镜的作用，缩小视觉盲区，驾驶人应将车内和车外后视镜调到最佳位置。后视镜调整方法如图 2-27 所示。

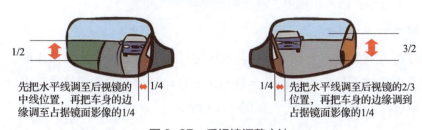

图 2-27　后视镜调整方法

5. 安全带的使用

汽车安全带是系在驾乘人胸前或腰部，防止身体前冲的安全保障部件。当汽车遇到意外情况紧急制动时，它可以将驾驶人或乘客束缚在座椅上，以免造成二次冲撞的伤害。安全带系统的组成如图2-28所示。

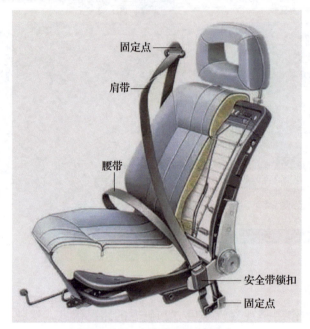

图2-28　安全带系统的组成

（1）系安全带的方法

1）调整坐姿

2）调整安全带

①握住搭扣锁和锁舌。

②缓慢地拉出腰肩安全带。

③保证肩部安全带从肩部划过、贴近颈部，舒服紧密地贴合身体。

④保证腰部安全带在腹部以下，紧贴髋骨，同样要贴合身体。

⑤将安全带卡扣插入扣锁中，直至听到咔嗒声。

（2）解开安全带的方法

汽车座椅内侧的插座上有一个红色的按钮。当安全带卡扣插入插座时，左手拉着安全带，右手按下红色按钮，安全带卡扣会自动弹出，左手慢慢放开安全带，安全带收卷器可将安全带自动卷入，如图2-29所示。

图 2-29　解开安全带

四、汽车基础驾驶操作规范

1. 发动机起动

第一步：检查驻车制动是否拉紧，如图 2-30 所示。

第二步：晃动变速杆，检查是否在空档位置，如图 2-31 所示。

图 2-30　检查驻车制动是否拉紧

图 2-31　检查变速杆是否在空档位置

第三步：踩下离合器踏板，如图 2-32 所示。

第四步：将点火开关钥匙顺时针转到 START 位置，直至确认发动机起动后松开钥匙，如图 2-33 所示。

图 2-32　踩下离合器踏板

图 2-33　点火开关钥匙转到 START 位置

第五步：检查车辆各仪表是否正常、报警灯是否有亮起。

2. 汽车起步

第一步：左脚踏下离合器踏板，右手将变速杆挂入 1 档，如图 2-34 所示。

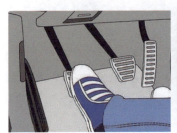

图 2-34　挂 1 档

第二步：开左转向灯，图中绿色箭头为左向灯亮，如图 2-35 所示。

图 2-35　开左转向灯

第三步：鸣喇叭，观察周围情况，确认安全，握稳转向盘，如图 2-36 所示。

图 2-36　观察周围情况，确认安全

第四步：左脚慢抬离合器踏板至半联动位置，同时缓慢踩下加速踏板，如图 2-37 所示。

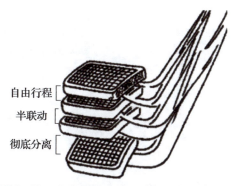

图 2-37 左脚慢抬离合器踏板至半联动位置

第五步：松开驻车制动。

第六步：使车辆平稳起步，进入正常行驶路线后，关闭转向灯。

注意

车辆平稳起步无前冲、抖动、熄火的关键是：离合器半联动时掌握与加速踏板的密切配合。在松、抬离合器踏板的过程中，开始时稍快，当抬至发动机声音有所变化（转速降低，声音沉重），车身稍有抖动时，应将离合器踏板在此位置稍停一下，同时右脚慢慢踩下加速踏板，再慢慢抬起左脚，直至完全抬起。如果在起步过程中感到动力不足，发动机将要熄火，应将离合器踏板再踏下一些，适当增大节气门开度，重新起步。

3. 汽车加减档

（1）加档操作要领

加档是指由低速档换入高速档。当踩下加速踏板感到速度明显提高，已达到高一级档位的速度范围时，就应及时加档。以 3 档换入 4 档为例，加档步骤如图 2-38~图 2-42 所示。

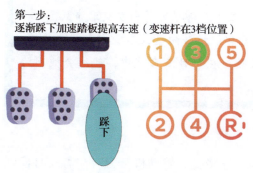

图 2-38 加档第一步

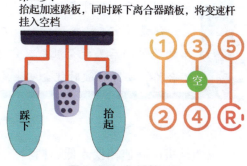

图 2-39 加档第二步

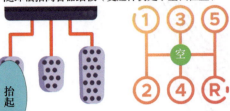

图 2-40 加档第三步

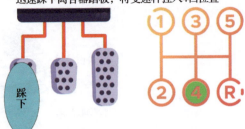

图 2-41 加档第四步

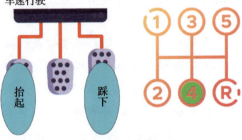

图 2-42 加档第五步

> **考试注意事项**
>
> 严禁跳跃式换档，档位只能是 1 档到 2 档、2 档到 3 档这样逐级更换，否则考试记录仪会记录下来，并且扣除相应的分数。
>
> 换档的关键点就是速度要快，以最快的速度结束踩离合、换档、踩加速踏板的动作。
>
> 换档时离合器一定要踩到底，在达到一定的车速范围内换档。
>
> 切忌低头换档，低头的一瞬间不知道前方路面会出现什么情况，即使发现也无法及时采取措施，此动作虽小，却很容易引发交通事故。
>
> 注意，右手去抓变速杆，左手无意识拉转向盘，车辆方向就会跑偏。车辆跑偏的后果就是轧线、占道行驶。在科目三考试中，轧线会被判为不合格，实际行驶时就会发生危险。

（2）减档操作要领

减档是指由高速档换入低速档。当感到车速降低、发动机乏力时，需及时换到低一级档位。以 4 档换入 3 档为例，换档步骤如图 2-43~图 2-47 所示。

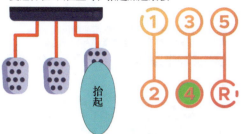

图 2-43　减档第一步

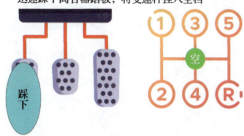

图 2-44　减档第二步

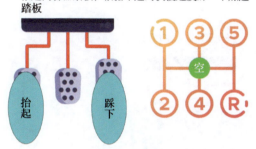

图 2-45　减档第三步

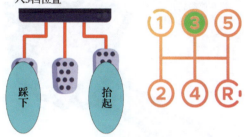

图 2-46　减档第四步

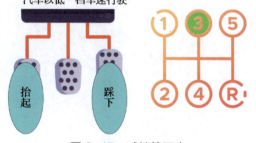

图 2-47　减档第五步

4. 汽车停车

汽车停车要领如图 2-48~图 2-53 所示。

图 2-48 停车第一步

第一步：
放松加速踏板，打开右转向灯，将汽车靠道路右侧缓行

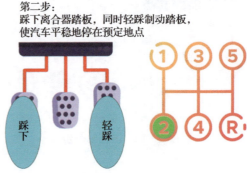

图 2-49 停车第二步

第二步：
踩下离合器踏板，同时轻踩制动踏板，使汽车平稳地停在预定地点

图 2-50 停车第三步

第三步：
汽车停稳后，拉紧驻车制动杆

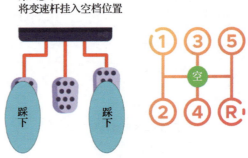

图 2-51 停车第四步

第四步：
将变速杆挂入空档位置

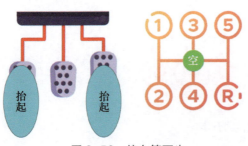

图 2-52 停车第五步

第五步：
放松离合器踏板和制动踏板

图 2-53 停车第六步

第六步：
关闭点火开关

第三章 科目一考试：道路交通安全法律、法规和相关知识

一、考试规程

1. 考试内容与合格标准

（1）考试内容

依据 GA 1026—2022《机动车驾驶人考试内容和方法》，申请 C 照科目一考试内容包括：

①驾驶证和机动车管理规定。

②道路通行条件及通行规定。

③道路交通安全违法行为及处罚。

④道路交通事故处理相关规定。

⑤机动车基础知识。

⑥地方性法规。

试题应为以文字或图片、视频等情景形式表现的判断题、单项选择题，构成比例应满足以下要求：

①判断题占 40%。

②单项选择题占 60%。

申领机动车驾驶证考试试题内容比例见表 3-1。

表 3-1　申领机动车驾驶证考试试题内容比例

试题内容		组卷比例			
		大型客车、重型牵引挂车、城市公交车、中型客车、大型客车	小型汽车、小型自动档汽车、残疾人专用小型自动档载客汽车、三轮汽车、低速载货汽车	普通三轮摩托车、普通二轮摩托车、轻便摩托车	轮式专用机械车、有轨电车、无轨电车
通用试题	驾驶证和机动车管理规定	15%	20%	20%	按省级公安机关交通管理部门规定执行
	道路通行条件及通行规定	10%	25%	34%	
	道路交通安全违法行为及处罚	30%	25%	26%	
	道路交通事故得理相关规定	10%	10%	10%	
	机动车基础知识	10%	10%	0	
	地方性法规	10%	10%	10%	
大中型客货车制动系统与安全装置知识		15%	0	0	
合计		100%	100%	100%	

（2）合格标准

科目一考试满分为 100 分，考试成绩达到 90 分为及格。

2. 考试流程

第一步：考试受理

驾校为每位考生统一办理科目一考试受理凭证，考生领取凭证后，应对受理凭证上的基本信息（如姓名、身份证号码、照片、准驾车型）进行核对。

第二步：进入考场

考生按受理凭证上的考试时间和考试地点，到车管所考场，持本人有效身份证原件、考试受理凭证和学员候考证在科目一考试室外排队依次进入考场。

第三步：核对信息

考生进入考场后，先将身份证原件及受理凭证交给考试员登录确认，然后按计算机安排的座位号入座；此时，系统管理员已把每个考生信息绑定在计算机上了，考生不需输入个人信息，只需核对确认即可。

第四步：开始答题

按下"开始"键后，进入答题界面，时间进入倒计时（45分钟），考生按顺序依次答完100道题。

第五步：提交答卷

考试15分钟后可以交卷，45分钟后自动交卷，交卷之前可任意修改答案。交卷后考试分数立刻显示在计算机屏幕上，90分或以上者考试合格，考试结束。

第六步：不合格复考

考试成绩为89分或以下的考生应举手向考试员报名，待考试员示意后进行第2次考试，仍未达到90分的考生需进行补考。

3. 注意事项

①与考试有关的复习材料和书本一律不得带入考场，否则不论是否翻看，均以作弊论处。

②遵守考场纪律，服从考试员指挥。未经允许，考生禁止随意出入考场。

③进入考场，应关闭通信设备。禁止吸烟和吃零食，禁止大声喧哗和随意走动。

④考试不准冒名顶替，不准弄虚作假，不准交头接耳。

⑤注意考场卫生，禁止随地吐痰，禁止乱扔纸屑，要爱护公物及考试设备。

二、考试辅导

1. 做题技巧

（1）学习内容

科目一考试涉及的内容主要包括交通法规、交通信号、汽车常识、驾驶基础、安全行车、文明驾驶等。其技巧就是以题库为主攻目标。C照科目一考试题库有2170道试题，学习内容应围绕这些试题展开，即先做题，遇到不会的题，再找相关的基础知识。

（2）学习方法

①按题库的章节顺序分段学习，先将题库中第一章试题全部做一遍，不要看答案。

②做完题后与答案对照，答对了，并掌握相关的知识点，此题就过关了；答错了，做上标记。

③对于有标记的题，要查阅有关法规、教材及参考书，分析错误的原因，明确正确答案，真正做到理解。

④按上述方法将所有章节的试题都学通懂弄，在考试前将全部试题再做一遍，确保万无一失。

2. 记题技巧

（1）分类记忆法

科目一考试题库中常有围绕一个知识点（简称考点）反复进行考核的试题，有选择题，也有判断题。对此，为方便记忆，可将相关联的试题进行集中分类，记住一个考点，便会做多道试题。

（2）归纳记忆法

题库中有很多带有数字的试题，可对数字进行归纳。这样不仅容易记住，而且记得牢。例如以下考点：

①能见度小于200米时，开启雾灯、近光灯、示廓灯和前后位灯，车速不得超过每小时60千米，与同车道前车保持100米以上的距离。

②能见度小于100米时，开启雾灯、近光灯、示廓灯、前后位灯和危险警告闪光灯，车速不得超过每小时40千米，与同车道前车保持50米以上的距离。

③能见度小于50米时，开启雾灯、近光灯、示廓灯、前后位灯和危险警告闪光灯，车速不得超过每小时20千米，并从最近的出口尽快驶离高速公路。

对于上述三种情况，只要记住"261""145""520"便可学习，应按照自己的记忆方式进行归纳。

（3）对比记忆法

科目一考试题库中有许多相近的试题，容易产生混淆，将这类试题列出来进行对比，通过对比加深理解和记忆。例如，交通标志中有些图案很相近，容易混淆，学习时要把它们进行对比，这样才不容易出错。为方便考生记忆，现将容易混淆的交通标志罗列如下。

①注意行人标志和人行横道标志，如图3-1所示。

注意行人标志：表示前方道路行人密集，或者有人行横道但是不易被发现的标志，多数属于警告车辆、行人注意危险地点的标志。一般情况下，整个标志是黑线黄底的三角形。

人行横道标志：提示车辆前方有行人行走，

注意行人

人行横道

图3-1 注意行人和人行横道标志

注意车辆减速的标志，整个标志是白蓝底的。

②窄桥标志和两侧变窄标志，如图 3-2 所示。

窄桥标志：是指设在桥面宽度小于路面宽度，且桥的宽度小于 6 米的窄桥前适当位置，通过窄桥时速度不能超过 30 千米/时。

两侧变窄标志：两侧变窄标志用于警告车辆、驾驶人注意前方车行道或路面狭窄情况，遇有对面来车应予以减速避让。

③过水路面标志和渡口标志，如图 3-3 所示。

过水路面标志：表示注意前方路面有积水，此标志设在过水路面或漫水桥路段以前适当位置。

渡口标志：是设在渡口的安全警示牌，提醒驾驶人注意有河流，注意安全，避免发生事故。

窄桥　　　　两侧变窄　　　　过水路面　　　　渡口

图 3-2　窄桥和两侧变窄标志　　　图 3-3　过水路面和渡口标志

④禁止通行标志和禁止车辆驶入标志，如图 3-4 所示。

禁止通行标志：表示禁止一切车辆和行人通行。此标志设在禁止驶入的路段入口处。

禁止车辆驶入标志：表示禁止一切车辆驶入。此标志设在禁止车辆通行的道路入口处。

⑤禁止长时间停车标志和禁止停放车辆标志，如图 3-5 所示。

禁止长时间停车标志：临时停放不受限制。禁止车辆停放的时间、车种和范围可用辅助标志说明。

禁止停放车辆标志：表示在限定的范围内，禁止一切车辆停放。

禁止通行　　　禁止车辆驶入　　　禁止长时间停车　　　禁止停放车辆

图 3-4　禁止通行和禁止车辆驶入标志　　　图 3-5　禁止长时间停车和禁止停放车辆标志

⑥单行道直行标志和只准直行标志,如图 3-6 所示。

单行道直行标志:表示车道的行驶方向。此标志设在导向车道以前适当位置,表示车辆只允许一个方向行驶。

只准直行标志:表示此条道路只能直行,不能转弯。一般位于地面上,或者红绿灯处,以立牌显示,与单行路标志(方形)不同的是,它是圆框形。

⑦双向交通标志和潮汐车道标志,如图 3-7 所示。

双向交通标志:表示两个相反方向的行车道构成的车道。

潮汐车道标志:表示可根据交通流量,在不同时段内,可改变车道行驶方向。

单行道直行

只准直行

图 3-6 单行道直行和只准直行标志

双向交通

潮汐车道

图 3-7 双向交通和潮汐车道标志

⑧会车让行标志和会车先行标志,如图 3-8 所示。

会车让行标志:表示车辆会车时,必须停车让对方车辆先行。此标志一般会设置在狭窄路段的一端,是提醒驾驶人注意"让",红白色圆形标志是禁令标志。

会车先行标志:一般出现在一些比较窄的道路上,抓住标志的重点,红色箭头一方让行。蓝色正方形标志是指示标志。

⑨左侧通行标志和右侧通行标志,如图 3-9 所示。

左侧通行、右侧通行标志:用于引导车辆驾驶人改变行驶方向,保障安全运行。

会车让行

会车先行

图 3-8 会车让行和会车先行标志

左侧通行

右侧通行

图 3-9 左侧通行和右侧通行标志

⑩环形交叉标志和环岛行驶标志,如图 3-10 所示。

环形交叉标志:有的环形交叉路口受交通限制或障碍物阻挡,此标志设置在面对来车的路口的正面，三角形黄底黑边黑图案，用于警示车辆驾驶人减速慢行。

环岛行驶标志：表示只准车辆靠右环行。此标志设在环岛面向路口来车方向适当位置，蓝底圆形白图案。

⑪停车让行标志和减速让行标志，如图3-11所示。

停车让行标志：表示车辆必须在停止线以外停车瞭望，确认安全后，才准许通行。

减速让行标志：表示车辆应减速让行，告之车辆驾驶人必须慢行或停车，观察干道行车情况，在确保干道车辆优先的前提下，认为安全时方可继续行驶。此标志设置在视线良好的交叉道路、次要道路路口。

图3-10　环形交叉和环岛行驶标志　　　　图3-11　停车让行和减速让行标志

⑫最低限速标志和最高限速标志，如图3-12所示。

最低限速标志：表示机动车行驶速度不可以低于该速度。

最高限速标志：表示机动车行驶速度不可以超过该速度。

⑬紧急停车带标志和错车道标志，如图3-13所示。

紧急停车带标志：设置在高速公路和一级公路上，发生交通事故后，按规定允许自行处理的事故可将车辆停放在紧急停车带。

错车道标志：指的是在单车道道路上，可通视的一定距离内，供车辆交错避让用的一段加宽车道，更多是为了避让。

图3-12　最低限速和最高限速标志　　　　图3-13　紧急停车带和错车道标志

（4）口诀记忆法

口诀记忆法就是把记忆材料编成口诀或合辙押韵的句子来提高记忆效果的方法。

该方法可以缩小记忆材料的绝对数量,把记忆材料分成组块来记忆,加大信息浓度,增强趣味性,不但可减轻大脑负担,而且记得牢,避免遗漏。下面以交通警察指挥手势信号为例来介绍该方法的使用方法。

①停止信号,如图3-14所示。

口诀:左手过头勿前行。

②靠边停车信号,如图3-15所示。

口诀:右手摆动靠边停。

图3-14 停止信号

图3-15 靠边停车信号

③直行信号,如图3-16所示。

口诀:两手平伸右手摆,交通警察让直行。

④左转弯待转信号,如图3-17所示。

口诀:左手侧摆需待转。

图3-16 直行信号

图3-17 左转弯待转信号

⑤左、右转弯信号,如图3-18、图3-19所示。

口诀:掌心向前你别动,哪手摆动向哪行。

第三章 科目一考试：道路交通安全法律、法规和相关知识

图 3-18　左转弯信号　　　图 3-19　右转弯信号

⑥变道信号，如图 3-20 所示。

口诀：右手横摆道变更。

⑦减速慢行信号，如图 3-21 所示。

口诀：变道安全很重要，右手下摆是慢行。

图 3-20　变道信号　　　图 3-21　减速慢行信号

3. 答题技巧

（1）判断题答题技巧

判断题是通过对一句话进行判断，得出正确或错误答案的考试形式。判断题的答题技巧如下。

1）通过行车安全进行判断

试题中提示有利于行车安全的题目往往会出现"减速""低速""让行"等词语。如"夜间行车，驾驶人的视野受限很难观察到灯光照射区域以外的交通情况，因此要减速行驶""车辆通过学校和小区应注意观察标志标线，低速行驶""行车中遇到执行紧急任务的消防车、救护车、工程救险车时要及时让行"等，这些题的答案都是"正确"。

试题中提示不利于行车安全的题目往往会出现"加速""尽快""迅速"等词。如"驾驶机动车通过漫水路时要加速行驶""驾驶机动车在没有交通信号的路口要尽快通过""变更车道时只需开启转向灯，便可迅速转向驶入相应的行车道"等，这些题的答案都是"错误"。

2）通过命题正反进行判断

试题中有的是正向命题，有的是反向命题，这类试题的判断技巧是"正错反对"。

采用正向命题的试题，答案一般都是"错误"的，即为"正错"。这类试题中往往会出现"可以""允许"等词。如"机动车可以选择交叉路口进行倒车""驾驶机动车行经城市没有列车通过的铁路道口时允许超车"等，这些题目都是正向命题，但答案都是"错误"的。

采用反向命题的试题，答案一般都是"正确"的，即为"反对"。这类试题中往往会出现"不得""不能"等词，如"不得驾驶具有安全隐患的机动车上路行驶""距离桥梁、陡坡、隧道50米以内的路段不能停车"等，这些题都是反向命题，但答案都是"正确"的。

3）通过一错全错进行判断

题库中的判断题有的只有一处错误，有的有多处错误，这类试题判断技巧是"一错全错"，即命题中只要有一处错误，该道题就全错，答案就是"错误"。如"驾驶机动车上坡时，在将要到达坡道顶端时要加速并鸣喇叭"，此题中机动车将要到达坡道顶端时"鸣喇叭"是对的，但是"加速"是错误的，依据"一错全错"原则，这道题的答案为"错误"。

（2）单项选择题答题技巧

单项选择题由题干和四个答案选项组成，每题只有一个正确选项，其他选项都是错误的，要求考生对四个选项进行比较，选出其中正确的。

1）通过选项对比进行选择

有些选择题答案选项含义相近，此类试题可直接把各选项加以比较，并分析它们之间的不同点，集中考虑正确选项和错误选项的关键所在。

2）通过错项排除进行选择

当正确选项难以确定时，先排除最荒诞、拙劣或不正确的选项，最后剩下的选项就是正确的选项。

3）通过去同存异进行选择

这种解题技巧适用于考生对试题不能做出准确判断的情况。当考生在阅读完试题题干和答案选项后，发现选项中的内容或者特征大致相同，就可以将其排除掉，保留差别较大的选择项，再进行比较、判断，最终确定符合题意的答案。这样做的目的是缩小目标，提高答题的准确率。

4）通过印象深浅进行选择

考生在读完一道试题的题干和答案选项后，似曾熟悉的内容必然会在大脑中最先形成正确选项的印象。据此做出的判断正确率比较高。

5）选择最符合题意的答案

有些试题看上去所列答案都正确或在某种程度上正确，但最佳答案只有一个，此时就要选择最符合题意的答案。

(3) 图片题答题技巧

在题库中增加了很多有模拟场景图片的试题，做这类试题时首先要看懂图片，所谓"看懂"就是要找到图片中所提供的交通信息与题干和选项之间的联系。答题技巧有以下几点：

① 找到重点元素。

② 找到关键元素。

③ 找到异常元素。

第四章 科目二考试：场地驾驶技能

本章内容依据 GA 1026—2022《机动车驾驶人考试内容和方法》要求编写。

一、考试规程

1. 考试内容与合格标准

（1）考试内容

小型汽车、低速载货汽车准驾车型的考试内容包括：倒车入库、坡道定点停车和起步、侧方停车、曲线行驶、直角转弯。

小型自动档汽车、残疾人专用小型自动档载客汽车准驾车型的考试内容包括：倒车入库、侧方停车、曲线行驶、直角转弯。

（2）合格标准

科目二考试满分为 100 分，考试成绩达到 80 分为合格。

2. 考试流程

科目二考试按照报考的准驾车型，选定对应考试场地和考试车辆，在考试员监督下，由考生按照规定的考试线路、操作规范和考试指令，独立驾驶考试车辆连续完成考试。

第一步：考生签到

考生必须持本人身份证、机动车驾驶技能准考证明，验证指纹，领取并保存签到号。

第二步：查看考试车道和车号

计算机系统随机分配每个考生考试车道和车号，广播叫号时个人考试车道和车号会在电子显示屏上显示，候考大厅墙上有考试车道场地线路图，考生要注意查看。

第三步:验号上车

广播叫号后,考生应立即到候考大厅出口处领取"考试项目单",注明有考试车道、车号以及考试项目,工作人员根据项目单指引考生到指定车道的起点处验号上车。

第四步:上车准备

考生上车后,关好车门,系好安全带,调整好后视镜和座椅。

第五步:专项考试

考试过程中,车内语音会提示开始考试、考试结束、预报每一项考试项目、报告考试结果。

第六步:成绩确认

完成全部考试项目后,应在车道掉头位置按照标志、标线指引,驶入回程车道,回到考试起点处,由考试员确认考试结果,考生到候考大厅的成绩单打印处,打印成绩单并签名确认。

3. 考试评判标准

科目二考试评判标准由通用评判标准和专项评判标准组成。

(1) 通用评判标准

通用评判标准是适用于科目二所有项目评判的标准,见表4-1、表4-2。

表4-1 不合格情形

序号	考试时出现下列情形之一的,评判为不合格
1	不按规定使用安全带的
2	遮挡、关闭车内音视频监控设备的
3	不按考试员指令驾驶的
4	不按规定路线、顺序行驶的
5	不能正确使用灯光、刮水器等车辆常用操纵件的
6	起动发动机时档位未置于空档(驻车档)的
7	起步时车辆后溜距离大于30厘米的
8	不松驻车制动操纵杆起步,未及时纠正的
9	起步时未完全关闭车门的
10	制动气压不足起步的
11	制动、加速踏板使用错误的
12	使用档位与车速长时间不匹配,造成车辆发动机转速过高或过低的

(续)

序号	考试时出现下列情形之一的，评判为不合格
13	行驶中，双手均离开转向盘的
14	行驶中，空档滑行的
15	行驶中，视线离开行驶方向超过 2 秒的
16	行驶中，身体任何部位伸出车外的
17	行驶中，不能保持安全距离和安全车速的
18	行驶中，车辆骑轧车道中心实线或者车道边缘实线的
19	不按交通信号灯、标志、标线或者交通警察指挥信号行驶的
20	不按规定速度行驶的
21	对可能出现危险的情形未采取减速、鸣喇叭等安全措施的
22	因观察、判断或者操作不当发生事故或出现其他危险情况的
23	违反交通安全法律、法规，影响交通安全的
24	考生未按照预约考试时间参加考试的

表 4-2　扣 10 分的情形

序号	考试时出现下列情形之一的扣 10 分
1	起动发动机后，不及时松开起动开关的
2	不松驻车制动操纵杆起步，但能及时纠正的
3	驾驶姿势不正确的
4	起步时车辆后溜距离小于或等于 30 厘米的
5	操纵转向盘手法不合理的
6	起步或行驶中挂错档位，不能及时纠正的
7	转弯时，转向盘回方向过早、过晚，或者转向角度过大、过小的
8	换档时发生齿轮撞击的
9	遇情况时不会合理使用离合器半联动控制车速的
10	因操作不当造成发动机熄火一次的
11	制动不平顺的

(2) 专项评判标准

专项评判标准是适用于科目二某个项目评判的标准，见表 4-3~ 表 4-8。

表 4-3　倒车入库评判标准

序号	倒车入库评判标准
1	车身出线的，不合格

（续）

序号	倒车入库评判标准
2	倒库不入的，不合格
3	在倒车前，未将两个前轮触地点均驶过控制线的，不合格
4	项目完成时间超过规定时间的，不合格
5	中途停车的，每次扣 5 分

表 4-4　桩考评判标准

序号	桩考评判标准
1	碰擦桩杆的，不合格
2	倒库或移库不入的，不合格
3	两轮摩托车轮出线或其他准驾车型车身出线的，不合格
4	项目完成时间超过规定时间的，不合格
5	轻型牵引挂车在倒车前未将两个前轮触地点均驶过控制线的，不合格
6	除轻型牵引挂车外其他准驾车型中途停车的，每次扣 5 分

表 4-5　坡道定点停车和起步评判标准

序号	坡道定点停车和起步评判标准
1	车辆停止后，汽车前保险杠未定于桩杆线上，且前后超出 50 厘米的，不合格
2	车辆停止后，车身距离路边缘线超出 50 厘米的，不合格
3	起步超过规定时间的，不合格
4	车辆停止后，汽车前保险杠未定于桩杆线上，且前后不超出 50 厘米的，扣 10 分
5	车辆停止后，车身距离路边缘线超出 30 厘米但未超出 50 厘米的，扣 10 分
6	停车后，未拉紧驻车制动操纵杆的，扣 10 分

表 4-6　侧方停车评判标准

序号	侧方停车评判标准
1	车辆入库停止后，车身出线的，不合格
2	项目完成时间超过规定时间的，不合格
3	行驶中车轮触轧道路边缘线或库位边线的，每次扣 10 分
4	行驶中车身触碰库位边线的，每次扣 10 分
5	出库时不使用或错误使用转向灯的，扣 10 分
6	中途停车的，每次扣 5 分

表 4-7 曲线行驶评判标准

序号	曲线行驶评判标准
1	车轮轧道路边缘线的，不合格
2	中途停车的，每次扣 5 分
3	大型客车、重型牵引挂车、城市公交车、大型货车、中型客车准驾车型行驶时档位未挂在二档及以上的，扣 5 分

表 4-8 直角转弯评判标准

序号	直角转弯行驶评判标准
1	车轮轧道路边缘线的，不合格
2	转弯前不使用或错误使用转向灯的，扣 10 分
3	转弯后不关闭转向灯的，扣 10 分
4	中途停车的，每次扣 5 分

二、专项考试辅导

1. 倒车入库

（1）倒车入库考试要求

如图 4-1 所示，从道路一端控制线（两个前轮触地点在控制线以外），倒入车库停车，再前进出库向另一端控制线行驶，待两个前轮触地点均驶过控制线后，倒入车库停车。前进驶出车库，回到起始点。考试过程中，车身不应超出道路边缘线或库位边线，车辆进退途中不应停车。项目完成时间不应超过 3.5 分钟。

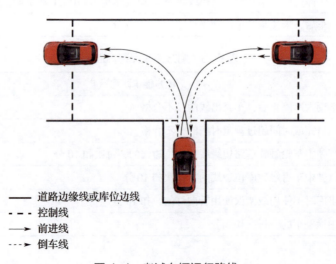

图 4-1 考试车辆运行路线

（2）倒车入库练习技巧

以倒车入库右入库为例，左入库方法相同。

①听到"倒车入库"指令后开始操作。在准备入库前，车身应与边线保持1.5~1.8米的距离，两个前轮触地点在控制线以外，如图4-2所示。

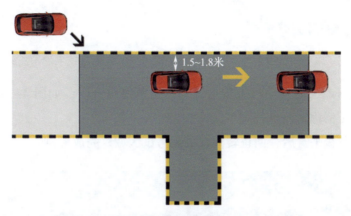

图4-2　车身应与边线保持1.5~1.8米的距离

②挂倒档，保证车速缓慢行驶，行驶至左后视镜下沿差不多与黄虚线重合时，如图4-3所示，转向盘迅速向右转到极限。

③转向盘右打满状态下继续后退，观察右后视镜，当库右角与车身大约30厘米距离时，如图4-4所示，转向盘向左转半圈。

图4-3　左后视镜下沿差不多与黄虚线重合　　图4-4　库右角与车身大约30厘米距离

④转向盘左回半圈后，继续向后倒车至车身与黄线平行时，如图4-5所示，回正转向盘。

⑤转向盘回正后继续向后倒车至左后视镜下沿与左库边线重合时停车，如图4-6所示。

图 4-5　车身与黄线平行　　　　图 4-6　左后视镜下沿与左库边线重合时停车

⑥挂 1 档出库,当发动机舱盖边缘与路边黄线重合时,如图 4-7 所示,转向盘向右转到极限(俗称转向盘打满)。

当车身和黄线平行后,回正转向盘驶离考试区域,完成考试。

图 4-7　车头和路边黄线平齐

2. 坡道定点停车和起步

（1）坡道定点停车和起步考试要求

控制车辆准确停车,平稳起步。行驶过程中,车轮不应触轧道路边缘线;停车时,汽车前保险杠应位于桩杆线上,车身距离右侧道路边缘线距离不应超过 30 厘米;起步时,车辆不应后溜。起步时间不应超过 30 秒。

（2）坡道定点停车和起步练习技巧

1）坡道定点停车步骤

步骤一:听到"上坡定点停车"指令后(离定点停车线约 20 米时),打开右转向灯,转向盘向右适当转动,使车辆靠道路右侧缓慢行驶,将车身与右侧边线的距离控制在 30 厘米以内,如图 4-8 所示。

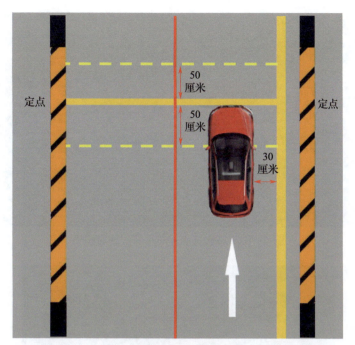

图 4-8　车身与右侧边线的距离控制在 30 厘米以内

还可以观察右边的后视镜，从右边后视镜看到车身与右边黄线的距离始终保持在 30 厘米左右最为合适，可以适当地微调转向盘，如图 4-9 所示。

图 4-9　右边后视镜看到车身与右边黄线的距离

步骤二：车辆行驶接近定点停车线约 10 米时缓慢、准确、平稳地靠近定位目标，如图 4-10 所示。

步骤三：快要到达停车点时，踩离合器踏板放慢车速，从左后视镜下沿看到定位停车线边缘，立即停车；然后拉紧驻车制动操纵杆，关闭右转向灯，变速器操纵杆置于空档位置，抬离合器踏板，如图 4-11 所示。

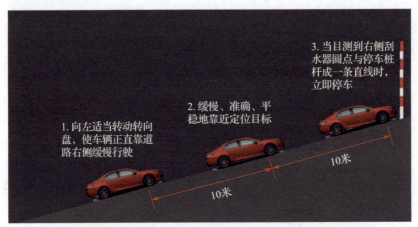

图 4-10　坡道定点停车和起步练习技巧

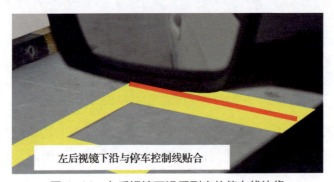

图 4-11　左后视镜下沿看到定位停车线边缘

2）坡道起步步骤

步骤一：先踩下离合器踏板，变速器操纵杆更换到一档，打开左转向灯，鸣喇叭示意车辆即将起步。

步骤二：踩下加速踏板，提高发动机转速，同时慢抬离合器踏板至半联动状态（根据发动机声音判断。在抬起离合器踏板时，发动机声音变得沉闷，证明离合器处于半联动状态）。

步骤三：慢慢松开驻车制动操纵杆，缓慢踩下加速踏板的同时继续缓抬离合器踏板。

步骤四：当离合器完全接合后，继续踩加速踏板，使车辆平稳起步。

3. 侧方停车

（1）侧方停车考试要求

车辆在库左前方一次倒车入库后，开启左转向灯，向左前方行驶出库，出库后关闭转向灯，运行路线如图 4-12 所示。考试过程中，车轮不应触轧道路边缘线或库位边线，车身不应触碰库位边线，车辆进退途中不应停车。项目完成时间重型牵引挂车不应超过 2 分钟，其他车型不应超过 1.5 分钟。

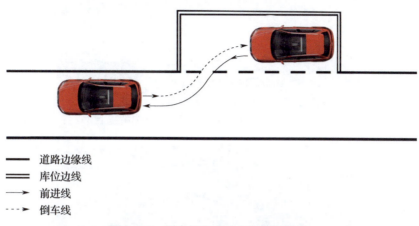

图 4-12　侧方停车考试车辆运行路线

（2）侧方停车练习技巧

步骤一：将车身行驶至于右边黄线 30 厘米左右的距离，如图 4-13 所示。

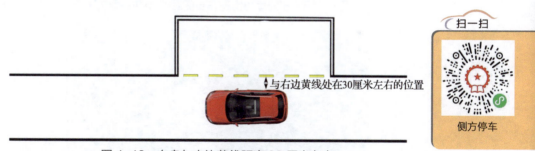

图 4-13　车身与右边黄线距离 30 厘米左右

当行驶时左边刮水器最高点一直在右边黄线上时，车辆与右边黄线保持的距离合适，如图 4-14 所示。

步骤二：观察右侧后视镜，当左前库角出现在右侧后视镜的中间位置时停车，如图 4-15 所示。

步骤三：准备倒车入库，变速器操纵杆挂倒车档位，观察右侧后视镜，当左前库角从右侧后视镜消失时，如图 4-16 所示，将转向盘向右打满。

步骤四：观察左侧后视镜，当右后库角出现在左侧后视镜时，将转向盘回正，如图 4-17 所示。

图 4-14　左边刮水器最高点在右边黄线上

图 4-15　左前库角出现在右侧后视镜的中间位置

图 4-16　左前库角将从右侧后视镜消失

图 4-17　右后库角出现在左侧后视镜中

步骤五：观察左侧后轮，当左后轮轧住黄色虚线时，将转向盘向左转到极限，如图 4-18 所示。

图 4-18　左后轮轧住黄色虚线

步骤六：观察左右后视镜，当车身与两侧黄线保持平行时停车，如图 4-19 所示。

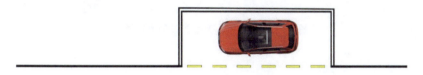

图 4-19　车身与两侧黄线保持平行时停车

步骤七：准备出库，打开左转向灯，变速器操纵杆切换到一档，转向盘向左打满缓慢行驶，观察发动机舱盖前边缘线的中间点落在左前方边线上时，将转向盘回正并向右打一圈，如图 4-20 所示。

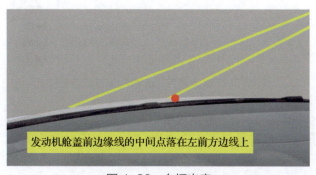

图 4-20　车辆出库

车辆成功出库之后，缓慢地回正转向盘，匀速驶离考试区域。

4. 曲线行驶

（1）曲线行驶考试要求

驾驶车辆从弯道的一端前进驶入，从另一端驶出。行驶中，车轮不能触轧车道边线，转向、行驶速度应平稳，中途不能停车。曲线行驶考试车辆运行路线如图 4-21 所示。

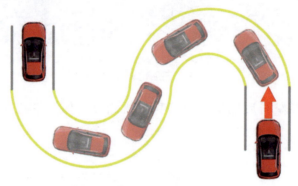

图 4-21　曲线行驶考试车辆运行路线

（2）曲线行驶练习技巧

行车速度缓慢平稳，车辆保持在车道中间向前行驶，进入 S 曲线，如图 4-22 所示。

图 4-22　车辆对齐车道中间缓慢向前行驶

第一个弯是左转弯，当左车角盖住住右边线时，转向盘向左打 1 圈再继续转 45 度角。让左车头角与右边黄线保持一定角度行驶，如图 4-23 所示。

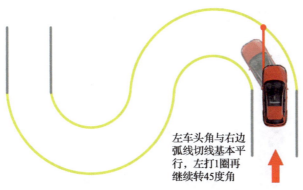

图 4-23 左车头角与右边弧线对齐

左转弯完成,行驶到 S 弯道连接处,左前角与左侧弧线重合,立即回正转向盘,如图 4-24 所示。

图 4-24 左前角与左侧弧线重合

回正转向盘后,车辆继续前行,第二个是右转弯,车辆可适当靠左侧缓慢行驶,当右车头角盖住左边线时,转向盘迅速向右打 1 圈再继续打 45 度角,让右车头角与右边黄线保持一定的角度行驶,车子就不会轧线,如图 4-25 所示。

图 4-25 右车头角盖住左侧弧线

完成左转弯，回正转向盘把车辆摆正，驶出曲线完成曲线行驶考试，如图4-26所示。

图4-26　驶出曲线

5. 直角转弯

（1）直角转弯考试要求

驾驶车辆按车道边线向左或向右直角转弯。转弯前应开启转向灯，完成转弯后关闭转向灯；行驶中，车轮不能触轧车道边线，中途不能停车。直角转弯考试车辆运行路线如图4-27所示。

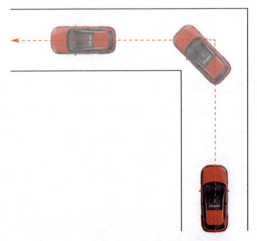

图4-27　直角转弯考试车辆运行路线

（2）直角转弯练习技巧

 注意　准备转弯时，先开启转向灯，车减速至5千米/时以下。

进入直角转弯项目，使车头右侧三分之一处与右侧边线重合前行，以保持外侧车轮与边线 30 厘米的距离，如图 4-28 所示。

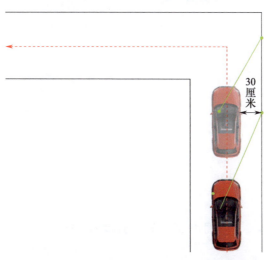

图 4-28　保持外侧车轮与边线 30 厘米的距离

当左前门车窗小三角窗支柱与内角，即 A 点重合时，转向盘迅速向左调整至极限位置继续前进，如图 4-29 所示。

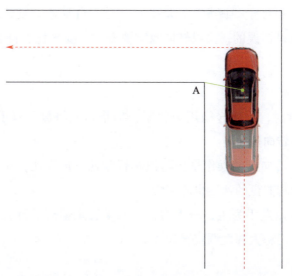

图 4-29　左前门车窗小三角窗支柱与 A 点重合

通过左侧后视镜观察，当车身与路边线平行时，迅速回正转向盘，完成直角转弯项目，如图 4-30 所示。

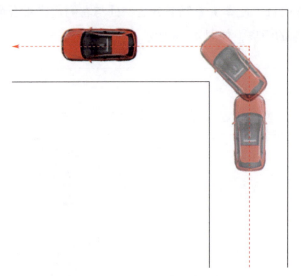

图 4-30　车身与路边线平行

三、强化场地驾驶技能

1. 汽车直线行驶

（1）转向盘要握稳

双手"握稳"不等于"握紧"。紧张时，会不自觉地握紧转向盘，还有用一只手用力抓稳推送也是错误的，操纵转向盘需要双手，要平稳、自然，保持与肩同宽，用力不要太大。

（2）正确的握姿

两手握转向盘时，手掌轻微用力收紧，拇指自然搭放，双手自然握住转向盘，切记不可死死抓住转向盘。

直线行驶时，转向盘的操作量应与汽车行驶速度成反比，车速越高，转向盘操作量应越小，转动转向盘的速度也应越慢。

操纵转向盘应以左手为主，右手为辅。如果感觉偏离了行驶路线，要及时微调转向盘进行修正，切忌大幅度调整转向盘。

（3）换档要稳

驾驶要有预判性，对路况有一个基本的判断，合适的车速更能保持方向的稳定。

（4）视线要看远顾近

视线不能只盯着车头前面几米的地方，也不能只盯着前方两百米的远方不顾眼前，正确的做法是，既要看远，又要顾近。这样容易使车辆走直线，即使行驶方向偏移，也能及时发现尽早调整；同时，也可以对前方的路况有个提前的判断，做出正确的反应。

(5) 选取参照物

不要养成看转向盘判断车正与不正的习惯。要养成选取参照物的习惯，如路肩或路边整排树，车与其保持平行即可，如图 4-31 所示。

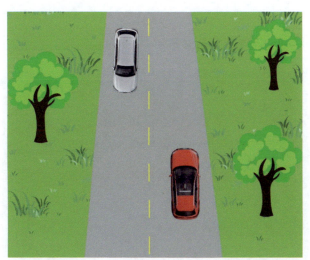

图 4-31　选取参照物保持车辆直线行驶

2. 汽车曲线行驶

环线行驶是汽车曲线行驶的情况之一，如图 4-32 所示。车辆行驶在曲线弯道时，通常情况下前轮是沿着路边缘线的弯度移动，即车辆顺弯而行。为了便于驾驶人能

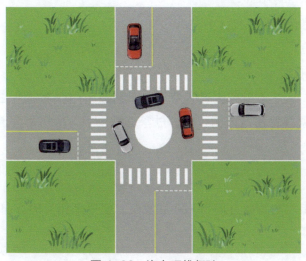

图 4-32　汽车环线行驶

够准确控制行驶方向，一般情况下是在车身某个部位上选择一个比较适宜的参照点，向前行驶时使参照点始终沿着边缘线运行，以此来保证车辆顺弯行驶的需要。

①左弯道行驶时，始终保持车头中心线沿着车道边缘线移动。

②右弯道行驶时，基本能够保持车头右前角与车道边缘线目测间距在45厘米左右的位置移动。

3. 汽车转弯

汽车转弯，如图4-33所示，其要领如下。

图4-33　汽车转弯

①控制好车速。

②右转弯时尽量转小弯。

③左转弯时尽量转得幅度大一些。

④看好后视镜。

⑤控制好转向盘。

转弯开始前，从弯道的外侧进入弯道，车辆在中间时靠着弯道内侧行驶，在弯道弧顶的地方应紧靠着弯道内侧行驶，过弯道弧顶后，再切回弯道外侧，靠弯道外侧驶出弯道。

4. 汽车掉头

汽车掉头是指汽车行驶方向做180度改变，朝原来相反的方向行驶，如图4-34所示。

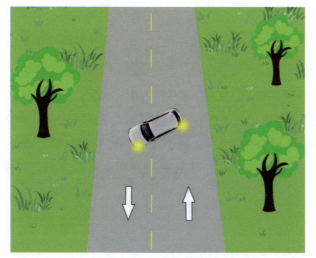

图 4-34 汽车掉头

（1）选择掉头地点

汽车在公路上掉头，选择掉头地点非常重要。一般来说，要选在道路宽敞，视野开阔，人、车比较少，交通情况不复杂的地方掉头。汽车掉头要尽量避开坡道、狭窄路、转弯处和交通繁杂路段。严禁在人行横道线、铁路道口、窄路、弯路、陡坡、桥梁、隧道、涵洞、高速公路行车道，以及设有禁止掉头标志的地点掉头。

（2）选择掉头时机

汽车在行驶中，驾驶人应仔细观察道路交通情况，选择不影响其他车辆正常行驶和行人正常通行的时机掉头。

（3）正确驾驶操作

汽车掉头前，先减速靠边，变速器操纵杆换成一档，打开左转向灯，仔细观察前、后、左、右的交通情况，严格控制车速。汽车掉头时，既要关照车头，又要顾及车尾，由于汽车尾部视线不良，所以重点要注意车尾。在掉头的过程中，各车轮接近路边的距离各不相等，在判断车位时，以先接近路边的车轮为准，路旁如有障碍物限制，前进时，以保险杠为准；后退时，以后车厢板或后保险杠为准，切勿与障碍物触碰。

5.汽车倒车

汽车倒车，就是通过驾驶人的操作，将车由静止状态经动力传递到汽车向后行驶的过程。

变速器操纵杆更换到倒车档位后，配有倒车影像的汽车，在中控屏会自动显示倒车影像，按照倒车影像提示倒车即可；如果没有倒车影像，可观察后视镜进行倒车操作。

（1）倒车的驾驶姿势

根据汽车的轮廓和装载的宽度、高度及道路状况、交通环境，在倒车时，应首先观察车下、车后的情况，除观察后视镜倒车外，还可采用如下两种方法：

①注视后窗倒车。驾驶座椅在左侧的左手握转向盘上端，身体上身向右倾斜坐，右臂依托在靠背上端，头向右转，从后窗注视后方目标。如驾驶座椅在右侧的，由上身向左斜坐。

②注视侧方倒车。

（2）倒车的目标选择

①由后窗注视倒车以车厢后两角为准。从场地、库门或停靠位置的建筑物中选定适当目标，然后根据目标进行倒车。

②由侧方注视倒车以车厢角或后轮为准。以场地、库门或依靠位置的建筑物为适当目标，然后，根据目标进行倒车。

倒车时，如有人指挥，应与指挥人员相互密切配合。

（3）倒车操作方法

倒车时，先打开转向灯、鸣喇叭（非禁止鸣喇叭地段），观察周围情况，选定进退的目标。在车辆停止的情况下，变速器操纵杆换入倒车档位，根据目标的需要按照上述两种倒车驾驶姿势之一进行倒车操作。

①直线倒车：保持前轮的正向倒退，转向盘的运用与前进一样。如倒车时车尾向左（或右）偏，应立即将转向盘向右（或左）转动，待车尾摆直后即可将转向盘回正。

②转向倒车：即变换方向的倒车。应掌握"慢行车，快转向"的操作方法。倒车要注意车尾情况。在倒车转弯时，外侧前车轮的半径圆弧大于后车轮半径圆弧。因此，为了避免与障碍物发生刮碰，驾驶人要十分注意车外侧前轮，及全车的转向。倒车速度应控制在 5 千米/时以内。在倒车中，因地形或转向盘的转向角度限制，需反复前进或后倒时，应在车辆接近障碍物前，利用车辆的移动迅速回正转向盘，为再次前进或后倒作好转向的准备，不应在车辆停止后强力转动转向盘。

第五章 科目三考试：道路驾驶技能

一、考试规程

1. 考试内容与合格标准

（1）考试内容

考取 C 照（小型汽车、小型自动档汽车准驾车型）的科目三考试内容包括：上车准备、起步、直线行驶、加减档位操作、变更车道、靠边停车、直行通过路口、路口左转弯、路口右转弯、通过人行横道线、通过学校区域、通过公共汽车站、会车、超车、掉头、模拟夜间灯光使用。

（2）合格标准

科目三道路驾驶技能考试满分为 100 分，成绩达到 90 分为合格。

2. 考试流程

科目三考试按照报考的准驾车型，选定对应考试车辆，在考试员的同车监督下，由考生在随机抽取的考试路线上，按照考试指令完成考试。

第一步：考生签到

考生必须持本人身份证、机动车驾驶技能准考证明，验证指纹，领取并保存签到号。

第二步：观看视频，等待叫号

考生到候考大厅观看交通安全教育视频，等待计算机系统随机分配考试车号，广播叫号时个人考试车号会在电子显示屏上显示，考生要注意查看。

第三步：验证身份

广播叫号后，考生到指定考试位置，由考试员核对考生身份证，并由系统进行指纹确认。

第四步：专项考试

C 照科目三考试有 16 个项目，考试过程中，车内语音会预报每一个考试项目并报告考试结果。

第五步：成绩确认

完成全部考试项目后，考生到候考大厅的成绩单打印处，打印成绩单并签名确认。

3. 考试评判标准

科目三考试评判标准由通用评判标准和专项评判标准组成。

（1）通用评判标准

通用评判标准是适用于科目三所有项目评判的标准，见表 5-1、表 5-2。

表 5-1　不合格情形

序号	考试时出现下列情形之一的，评判为不合格
1	不按规定使用安全带的
2	遮挡、关闭车内音频、视频监控设备的
3	不按考试员指令驾驶的
4	不能正确使用灯光、刮水器等车辆常用操纵件的
5	起动发动机时档位未置于空档（驻车档）的
6	起步时车辆后溜距离大于 30 厘米的
7	绿灯亮起后，前方无其他车辆、行人等影响通行时，10 秒内未完成起步的
8	行驶中，双手均离开转向盘的
9	行驶中，连续使用起步档行驶距离超过 50 米的
10	单手控制转向盘时，不能有效、平稳控制行驶方向的
11	车辆行驶方向控制不准确，方向晃动，车辆偏离正确行驶方向的
12	不能根据交通情况合理选择行驶车道、速度的
13	使用档位与车速长时间不匹配，造成车辆发动机转速过高或过低的
14	行驶中，低头看档位或连续两次挂档不进的
15	行驶中，空档位滑行的
16	行驶中，视线离开行驶方向超过 2 秒的
17	违反交通安全法律、法规，影响交通安全的
18	不按交通信号灯、标志、标线或者交通警察指挥信号行驶的
19	不按规定速度行驶的

（续）

序号	考试时出现下列情形之一的，评判为不合格
20	行驶中，车辆骑轧车道中心实线或者车道边缘实线的
21	长时间骑轧车道分界线行驶的
22	起步、转向、变更车道、超车、靠边停车前不使用或错误使用转向灯的
23	起步、转向、变更车道、超车、靠边停车前，开转向灯少于3秒即转向的
24	争道抢行，妨碍其他车辆正常行驶的
25	行驶中，不能保持安全距离和安全车速的
26	连续变更两条或两条以上车道的
27	通过积水路面遇行人、非机动车时，有不减速等不文明驾驶行为的
28	遇行人通过人行横道不停车让行，不主动避让优先通行的车辆、行人、非机动车的
29	将车辆停在人行横道、网状线内等禁止停车区域的
30	行驶中，身体任何部位伸出窗外的
31	制动踏板、加速踏板使用错误的
32	对可能出现危险的情形未采取减速、鸣喇叭等安全措施的
33	因观察、判断或者操作不当发生事故或出现其他危险情况的
34	考生未按照预约考试时间参加考试的

表 5-2　扣 10 分情形

序号	考试时出现下列情形之一的，扣 10 分
1	驾驶姿势不正确的
2	起步时车辆后溜，但后溜距离小于或等于 30 厘米的
3	操纵转向盘手法不合理的
4	起步或行驶中挂错档位，不能及时纠正的
5	转弯时，转向盘回方向过早、过晚，或者转向角度过大、过小的
6	换档时发生齿轮撞击的
7	遇情况时不会合理使用离合器半联动控制车速的
8	因操作不当造成发动机熄火一次的
9	不能根据交通情况合理使用喇叭的
10	制动不平顺的
11	遇后车发出超车信号，不按规定让行的
12	操作完成后不关闭转向灯的

（2）专项评判标准

专项评判标准适用于科目三某个项目的评判，见表 5-3～表 5-14。

表 5-3 上车准备评判标准

序号	扣分项目
1	未逆时针绕车一周检查车辆外观及周围环境或在检查中未发现存在的安全隐患的，不合格
2	打开车门前不观察后方交通情况的，不合格

表 5-4 起步评判标准

序号	扣分项目
1	车门未完全关闭起步的，不合格
2	起步前，未观察内、外后视镜，或未回头观察后方交通情况的，不合格
3	起动发动机时，档位未置于空档（驻车档）的，不合格
4	制动气压不足起步的，不合格
5	不放下驻车制动操纵杆起步，未及时纠正的，不合格
6	不放下驻车制动操纵杆起步，但能及时纠正的，扣 10 分
7	发动机起动后，不及时松开起动开关的，扣 10 分
8	具备起步条件但超过 10 秒未起步的，扣 10 分
9	道路交通情况复杂时起步不能合理使用喇叭的，扣 5 分
10	起步时车辆发生闯动的，扣 5 分
11	起步时，加速踏板控制不当，致使发动机转速过高的，扣 5 分
12	起动发动机前，不检查调整驾驶座椅、后视镜的，扣 5 分
13	起步前，不检查仪表板的，扣 5 分

表 5-5 直线行驶评判标准

序号	扣分项目
1	方向控制不稳，不能保持车辆直线行驶的，不合格
2	遇前车制动时不及时采取减速措施的，不合格
3	不适时通过内、外后视镜观察后方交通情况的，扣 10 分
4	未及时发现路面障碍物或发现路面障碍物未及时采取减速措施的，扣 10 分

表 5-6 加减档位操作评判标准

序号	扣分项目
1	行驶中越级加档的，不合格

（续）

序号	扣分项目
2	行驶中未加至次高档及以上的，不合格
3	车辆行驶速度和档位不匹配的，扣 10 分
4	行驶中在次高档位及以上行驶时间不足 5 秒的，扣 10 分

表 5-7　变更车道评判标准

序号	扣分项目
1	变更车道前，未通过内、外后视镜观察，并向变更车道方向回头观察后方道路交通情况的，不合格
2	变更车道时，判断车辆安全距离不合理，妨碍其他车辆正常行驶的，不合格
3	变更车道时，控制行驶速度不合理，妨碍其他车辆正常行驶的，不合格

表 5-8　直行通过路口、路口左转弯、路口右转弯评判标准

序号	扣分项目
1	不按规定减速的，不合格
2	不按规定停车瞭望的，不合格
3	不观察左、右方交通情况，转弯通过路口时，未观察侧前方交通情况的，不合格
4	不主动避让优先通行的车辆、行人、非机动车的，不合格
5	遇有路口交通阻塞时进入路口，将车辆停在路口内等候的，不合格
6	左转通过路口时，未靠路口中心点左侧转弯的，扣 10 分

表 5-9　通过人行横道线、学校区域、公共汽车站评判标准

序号	扣分项目
1	不按规定减速慢行的，不合格
2	不观察左、右方交通情况的，不合格
3	未停车礼让行人的，不合格

表 5-10　会车评判标准

序号	扣分项目
1	在没有中心隔离设施或者中心线的道路上会车时，不减速靠右行驶，或未与其他车辆、行人、非机动车保持安全距离的，不合格
2	会车困难时不让行的，不合格
3	横向安全间距判断差，紧急转向避让对方来车的，不合格

表 5-11　超车评判标准

序号	扣分项目
1	超车前，不通过内、外后视镜观察后方和左侧交通情况并回头观察确认安全的，不合格
2	超车时机选择不合理，影响其他车辆正常行驶的，不合格
3	超车时，未观察被超越车辆动态的，不合格
4	超车时未与被超越车辆保持安全距离的，不合格
5	超车后，驶回原车道前，不通过内、外后视镜观察后方和右侧交通情况并回头观察确认安全的，不合格
6	在没有中心线或同方向只有一条行车道的道路上从右侧超车的，不合格
7	超车时，未根据被超越车辆速度和道路限速选择合理行驶速度的，不合格
8	当后车发出超车信号时，具备让车条件不减速靠右让行的，扣 10 分

表 5-12　掉头评判标准

序号	扣分项目
1	不能正确观察交通情况选择掉头时机的，不合格
2	掉头地点选择不当的，不合格
3	掉头前未开启左转向灯的，不合格
4	掉头时，妨碍正常行驶的其他车辆和行人通行的，扣 10 分

表 5-13　靠边停车评判标准

序号	扣分项目
1	停车前，不通过内、外后视镜观察后方和右侧交通情况，并回头观察确认安全的，不合格
2	考试员发出靠边停车指令后，未能在规定的距离内停车的，不合格
3	停车后，车身超过道路右侧边缘线或者人行道边缘的，不合格
4	需要下车的，在打开车门前不回头观察左后方交通情况的，不合格
5	下车后不关闭车门的，不合格
6	停车后，车身距离道路右侧边缘线或者人行道边缘超出 50 厘米，不合格
7	停车后，车身距离道路右侧边缘线或者人行道边缘超出 30 厘米、未超出 50 厘米的，扣 10 分
8	停车后，未拉紧驻车制动操纵杆的，扣 10 分
9	拉紧驻车制动操纵杆前放松行车制动踏板的，扣 10 分
10	在前后无干扰条件下停车后，再次挪动车辆的，每次扣 10 分
11	下车前不将发动机熄火的，扣 5 分

表 5-14 夜间行驶和模拟夜间灯光使用评判标准

序号	扣分项目
1	不能正确开启灯光的，不合格
2	同方向近距离跟车行驶时，使用远光灯的，不合格
3	通过急弯、坡路、拱桥、人行横道或者没有交通信号灯控制的路口时，不交替使用远近光灯示意的，不合格
4	会车时不按规定使用近光灯的，不合格
5	通过路口时使用远光灯的，不合格
6	超车时未交替使用远近光灯提醒被超越车辆的，不合格
7	在有路灯、照明良好的道路上行驶时，使用远光灯的，不合格
8	在路边临时停车不关闭前照灯和不开启示廓灯的，不合格
9	进入无照明、照明不良的道路行驶时不使用远光灯的，扣 5 分

二、专项考试辅导

1. 上车准备

（1）上车准备考试要求

上车前，应逆时针绕车一周，观察车辆外观和周围环境，确认安全。打开车门前，应观察后方交通情况，确认安全后开门上车，如图 5-1 所示。

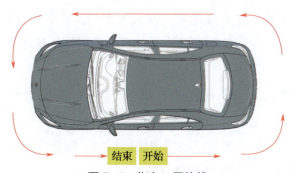

图 5-1 绕车一周路线

（2）上车准备练习技巧

步骤一：当听到考试指令，采集指纹后，以荷式开门法下车，对车辆的外部情况进行检查。荷式开门法即用右手打开主驾驶侧车门，开门之前先左右观察，确认后方的交通状况安全时，适当回头观察左后方，确定无车、无人经过，左手将门拉开一条缝隙，回头再次确认安全之后，打开车门。

步骤二：下车之后立刻关闭车门。随后逆时针一周对车辆状况以及周围的交通环境进行检查。逆时针一周即从主驾驶侧位置向后方走，注意观察地面情况、车辆本身的情况，比如轮胎等，检查是否存在安全隐患。

步骤三：有些地区需要考试学员在车辆指定位置进行触控打卡，触控打卡时需注意，手指在打卡器上面保持两秒以上，防止漏打。切记每一个点都需要打卡。

步骤四：随后检查车辆尾部及右侧是否有异常情况。

步骤五：到车头位置，注意前后观察。如果交通状况安全，则回到主驾驶侧车门位置，用荷式开门法打开车门。

步骤六：用右手打开车门的同时，应再次前后观察交通状况，确认安全后，则拉开车门进入车内。

2. 起步

（1）起步考试要求

起步前，检查车门是否完全关闭，调整座椅、内外后视镜，系好安全带，检查驻车制动操纵杆、变速杆所在档位，起动发动机，检查仪表；开启转向灯，观察内、外后视镜，向左回头观察后方交通情况，确认安全后，挂档，放下驻车制动操纵杆，起步。起步过程应平稳、无闯动、无后溜、不熄火。

（2）起步练习技巧

步骤一：上车之后，左手以适中力度关上车门。首先检查档位是否处在空档，驻车制动操纵杆是否在向上拉紧的状态。其次调整座椅，保证左脚能将离合器完全踩到底。

步骤二：调节座椅靠背，保证背部靠在椅背上，座椅调整完成之后，系好安全带。

步骤三：调整车辆外后视镜。左后视镜的调整：保证车身占据后视镜纵向面积的1/4，如图5-2所示。右后视镜调整方法同上。

步骤四：调整内后视镜，将后风窗玻璃的中心位置调至后视镜中间，远处地平线调至后视镜横向1/2的位置，如图5-3所示。

步骤五：起动车辆，左脚将离合器踏板踩到底，右脚用力踩制动踏板，挂入1档，松开驻车制动操纵杆，打开左转向灯。

步骤六：左右观察后视镜中后方的交通状况，确认后方交通状况安全，鸣喇叭，准备起步。

图 5-2　调整车辆外后视镜

图 5-3　调整车辆内后视镜

步骤七：左脚缓慢抬起离合器踏板，待车辆起步后，完全松开离合器踏板，转向盘向左转动，平缓并入主路。回正转向盘，同时注意检查转向灯是否关闭，保持平稳驾驶。

3. 直线行驶

(1) 直线行驶考试要求

直线行驶过程中应根据道路情况合理控制车速，正确使用档位，保持车辆沿着车道分界线平行地直线行驶，跟车距离适当，行驶过程中适时观察内、外后视镜，视线离开行驶方向的时间不应超过 2 秒。与同车道前车行驶距离大于或等于 100 米。

(2) 直线行驶练习技巧

直线行驶时，双手分别握在转向盘的三点和九点位置，肩部放松，手肘自然下垂，握转向盘的力度不宜太紧（太紧反而容易使方向跑偏）。

眼睛平视前方道路的远端，不要看车头位置，右脚平稳控制加速踏板。

4. 加减档位操作

(1) 加减档位考试要求

考试全程中，根据路况和车速，合理加减档位，换档及时、平顺、准确，行驶过程中档位至少加至次高档，不能越级加档。

(2) 加减档位练习技巧

直线加减档，需注意加档和减档的时机。加档时，当车速处在 15 千米/时时，可从 1 档升至 2 档；当车速处在 25 千米/时时，可升至 3 档；当车速处在 35 千米/时时，可升到 4 档；当车速处在 45 千米/时及以上时，需升至 5 档。

减档时，当车速处在 40 千米/时时，可从 5 档减至 4 档；当车速处在 30 千米/时时，可减至 3 档；当车速处在 20 千米/时时，可减至 2 档；当车速处在 10 千米/时及以下时，则减至 1 档（即逢五加档、逢零减档）。

5. 变更车道

（1）变更车道考试要求

变更车道前，正确开启转向灯，通过内、外后视镜观察变更车道后方道路交通情况，确认安全后变更车道，变更车道完毕关闭转向灯。变更车道时，判断车辆安全距离，控制行驶速度，不应妨碍其他车辆正常行驶。

（2）变更车道练习技巧

向需要变更车道的方向开启转向灯，保持 3 秒以上，通过左右后视镜，观察后方交通状况，如图 5-4 所示。

变更车道

图 5-4　变更车道

确保安全之后，适度转动转向盘变更车道，进入变更车道之后，缓慢回正转向盘，继续行驶，并检查转向灯是否处在关闭状态。

6. 靠边停车

（1）靠边停车考试要求

收到靠边停车指令后，开启右转向灯，通过内、外后视镜观察后方和右侧交通情况，确认安全后，减速，向右变更车道靠边，平稳停车；停车后变速杆换到空档拉紧驻车制动操纵杆，关闭转向灯，关闭发动机，回头观察左后方交通情况，确认安全后缓慢打开车门，下车后关闭车门。停车后，车身应距离道路右侧边缘线或者人行道边缘 30 厘米以内。在前后无干扰的条件下，停车后不应再次移动车辆。

（2）靠边停车练习技巧

步骤一：靠边停车，先减速，打开右转向灯（图 5-5），通过后视镜观察后方和右侧的交通状况，确保安全之后，向右变更车道，同时踩下离合器踏板与制动踏板。

图 5-5　靠边停车打开右转向灯

步骤二：当看到左侧刮水器的最高点（车头右侧 1/3 处）与道路右侧边线重合之后，向左回半圈转向盘。

步骤三：等车辆直线行驶后，踩下制动踏板，停车。

步骤四：停车后，关闭转向灯，变速杆挂空档，拉紧驻车制动操纵杆，将车辆熄火，解开安全带。

下车时先通过后视镜观察左后方交通状况，用右手打开主驾驶侧车门，开门之前需回头进行观望，观察左后方交通情况，确保安全之后，缓慢开门下车。

7. 通过路口

通过路口包括直行通过路口、路口左转弯、路口右转弯，如图 5-6 所示。

（1）通过路口考试要求

进入路口前减速观察路口交通情况，正确使用转向灯，按所需行进方向驶入对应的导向车道，根据不同路口采取正确的操作方法安全通过路口，通过时遵循以下原则：

图 5-6 通过路口

①有信号灯控制的路口，遇放行信号时依次通过，遇停止信号时依次在停止线以外停车。没有信号灯控制但有交通标志、标线控制的，让优先通行的一方先行。没有交通信号控制的，在进入路口前停车瞭望，让右方道路的来车先行。

②转弯的机动车让直行的车辆、行人先行；相对方向行驶的右转弯机动车让左转弯车辆先行；准备进入环形路口的让已在路口内的机动车先行。

③向左转弯时靠路口中心点左侧转弯。

④遇有前方交叉路口交通阻塞时，应依次停在路口以外等候，不应进入路口；遇有前方机动车停车排队等候或者缓慢行驶时，应依次排队，不应从前方车辆两侧穿插或者超越行驶，不得在人行横道、网状线区域内停车等候。在车道减少的路口，遇有前方机动车停车排队等候或者缓慢行驶的，应每车道一辆依次交替驶入车道减少后的路口。

（2）通过路口练习技巧

通过路口，车辆需要控制在 30 千米／时及以内速度行驶，注意观察车辆侧前方交通状况。

接近路口时，需要再次减速，观察道路左右的交通状况，确保安全之后，可以正常行驶通过。如果路口有行人或者有车辆通过，必要时需停车等待，将车停在停车线以内，如图 5-7 所示。

8. 通过特定区域

特定区域包括人行横道线、学校区域和公共汽车站。

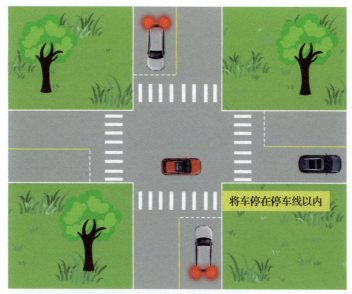

图 5-7 停车等待

（1）通过特定区域考试要求

驶抵人行横道线前减速，观察两侧交通情况，确认安全后合理控制车速通过，遇行人通过时应停车让行。

通过学校区域时，行驶速度不应超过 30 千米 / 时，注意观察道路情况，文明礼让，确保安全通过；遇有学生横过马路时应停车让行。

驶抵公共汽车站前减速，观察公共汽车进出站动态和乘客上下车动态，特别是同向公共汽车前方或对向公共汽车后方有无行人横穿道路。

（2）通过特定区域练习技巧

1）通过人行横道线练习技巧

通过人行横道时，车辆需要减速，车速控制在 30 千米 / 时以内。

当接近人行横道时，将车辆再次减速，同时注意观察车辆侧前方交通状况，确认是否有行人通行，确认安全之后，匀速通过。若有行人通过，则需停车等待，将车停在停车线以内。等行人通过之后，再次确认安全，起步通过，如图 5-8 所示。

2）通过学校区域练习技巧

看到学校区域的指示牌时，将车速控制在 30 千米 / 时及以内，注意观察左右交通状况，确保安全之后才可以通过。若有行人通过，则需礼让，必要时需停车等待。

图 5-8　通过人行横道线

3）通过公共汽车站练习技巧

看到公共汽车站的指示牌时，将车速控制在 30 千米/时及以内，注意观察左右交通状况，确保安全之后才可以通过。若有行人通过，则需礼让，必要时需停车等待。

9. 会车

（1）会车考试要求

正确判断会车地点，会车有危险时，控制车速，提前避让，调整会车地点，会车时与对方车辆保持安全间距。在没有中心隔离设施或者没有中心线，但能同时通行的路段上会车时，应提前控制车速减速靠右行驶，并与其他车辆、行人保持必要的安全距离。在无法同时通行或同时通行有危险的路段上时，应按以下要求提前避让：

①在有障碍的路段，无障碍的一方先行，如有障碍的一方已驶入障碍路段，而无障碍的一方未驶入时，则要停车让行，让有障碍的一方先行。

②在狭窄的坡路，上坡的一方先行，若下坡的一方已行至中途，而上坡的一方未上坡，则下坡的一方先行。

③在狭窄的山路，不靠山体的一方先行。

（2）会车练习技巧

看到对面有车开来时，将车速控制在 30 千米/时以下，车辆靠右进行移动，给左边让出足够的安全距离，如图 5-9 所示。

会车结束以后，适当调整方向，让车辆回到道路的中间区域行驶。

图 5-9 会车

10. 超车

(1) 超车考试要求

超车前,保持与拟超越车辆的安全跟车距离。开启左转向灯,通过内、外后视镜观察后方和左侧交通情况,确认安全后,选择合适的时机,鸣喇叭或交替使用远近光灯,从被超越车辆的左侧超越,如图 5-10 所示。超车时,注意要与被超越车辆保持横向安全距离。超越后,开启右转向灯,通过内、外后视镜观察后方和右侧交通情况,确认不影响被超越车辆正常行驶的情况下,逐渐驶回原车道,关闭转向灯。

图 5-10 开启左转向灯从左侧超越

（2）超车练习技巧

开启左转向灯，保持 3 秒以上，通过观察左右后视镜，了解后方交通状况，确保安全之后再变道，若有车辆跟进，则保持直行行驶继续等待，等确保后方安全之后，向左进行变道。

变道完成之后，可以适当提速超越车辆。超越车辆之后，保持一段直行，等与后方车辆拉开足够距离之后，再开启右转向灯，保持 3 秒以上，继续通过左右后视镜观察后方交通状况，如图 5-11 所示。

图 5-11　拉开距离

确保安全之后，向右进行变道，回到原来的行驶车道，保持正常速度行驶，注意检查转向灯是否处在关闭状态，如图 5-12 所示。

图 5-12　回到原来的行驶车道，关闭转向灯

11. 掉头

（1）掉头考试要求

收到掉头指令后，开启左转向灯，观察前、后交通情况，选择合适的掉头地点，确认安全后减速或停车，在保证安全的条件下完成掉头，如图 5-13 所示。掉头时不得妨碍其他车辆和行人的正常通行。

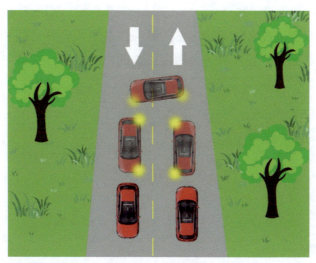

图 5-13　车辆掉头

（2）掉头练习技巧

车辆驶入掉头的车道，提前打开左转向灯，车辆减速，在二档或者一档低速行驶。

接近掉头入口时，注意观察后视镜，以及车辆前方的交通状况，确保安全之后，向左转动转向盘，准备掉头。这时需注意对向来车情况以及车辆左前方交通状况，确认安全之后掉头。如果这时有车辆或者行人通过，必要时需停车等待。

掉头完成之后，立即对车辆进行调整，将车辆保持在车道中间位置行驶。

12. 模拟夜间灯光使用

（1）模拟夜间灯光考试要求

夜间考试时，起步前应开启前照灯。靠边停车后，应关闭前照灯，开启示廓灯、危险警告闪光灯。行驶中应根据交通情况按以下要求正确使用灯光：

①在无照明、照明不良的道路上行驶时，使用远光灯。

②在照明良好的道路上行驶时，使用近光灯。

③在道路中间无防眩目设施的路段上相对方向来车时，使用近光灯。

④近距离跟车行驶时，使用近光灯。

⑤在有交通信号灯控制的路口转弯时，使用近光灯。

⑥超车时，交替使用远近光灯示意。

⑦通过急弯、坡路、拱桥、人行横道或没有交通信号灯控制的路口时，交替使用远近光灯示意。

(2) 模拟夜间灯光练习技巧

夜间灯光模拟考试在考试开始之前，需确保车辆所有灯光都处在关闭状态，最后根据语音播报的题目，在5秒之内做出正确的相应操作，考试完毕之后关闭车辆所有灯光。

三、强化道路驾驶技能

1. 安全检查

(1) 静态检查

①检查胎压、轮胎是否存在切口、鼓包、损坏或过度磨损。

②检查车轮螺栓是否丢失或松动。

③检查前组合灯、后组合灯和其他车灯是否全部工作正常；检查前组合灯照射方向是否正常。

④检查安全带是否无磨损或无破损；佩戴安全带后，检查安全带是否能扣牢。

⑤检查踏板是否有足够的自由行程。

⑥检查冷却液液位、发动机机油液位、制动液液位、风窗清洁液液位是否正常。

⑦检查蓄电池端子有无腐蚀或松动、壳体有无裂纹或膨胀变形。

⑧检查车底有无燃油、机油、水或其他液体泄漏（空调使用后滴水属于正常现象）。

⑨检查随车附件，包括千斤顶、灭火器、随车工具、三角警示牌等是否齐备和完好，如图5-14所示。

⑩检查各证件是否携带齐全。

(2) 动态检查

①观察组合仪表是否工作正常；是否有指示灯或警告信息等。

②检查各控制器（如灯光组合开关、刮水器组合开关、除霜按钮等）是否工作正常。

图 5-14　检查随车附件是否齐全

③在安全道路上，检查并确认踩下制动踏板时，车辆不要偏向任何一侧。

④其他不正常现象：检查零部件是否松动和有无泄漏处，听听是否有异常噪声。

2. 安全起步

正常气象条件下：驾驶汽车起步前，开启左转向灯，先观察周围交通情况，再通过内、外后视镜并向左转头观察（左侧后视镜看不到的盲区），确认左侧和后方安全，如图 5-15 所示。

图 5-15　正常气象条件的起步

夜间起步时，开启近光灯、左转向灯，注意观察两侧的车辆和行人，特别要注意提防黑暗中的车辆和行人。在夜间起步前，不要开启远光灯，如图 5-16 所示。

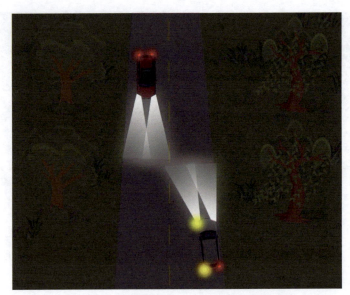

图 5-16　夜间起步开启近光灯和左转向灯

雾天起步时，要开启左转向灯和雾灯，必要时开启近光灯，同时要比正常气象条件下更仔细地观察前方以及车辆两侧情况。起步时，不要开启远光灯、长时间鸣喇叭。行驶中，根据能见度情况适时开启危险警告闪光灯，如图 5-17 所示。

图 5-17　雾天起步

雨雪天气起步时，要开启近光灯、左转向灯，雨天要使用刮水器，雪天可用中速档位行驶，特别注意预防雨雪中行人抢行，如图 5-18 所示。

图 5-18　雨雪天气起步

3. 安全汇入车流

驾驶汽车起步后,要随时注意车辆两侧道路情况,向左缓慢转动转向盘,在不影响其他车辆通行的前提下,逐渐驶入正常行驶道路,如图 5-19 所示。

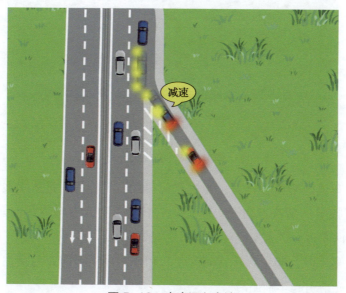

图 5-19　安全汇入车流

遇到左侧车辆较多时,让左侧车辆先行,不要向左侧突然急加速转向汇入车流。从辅路汇入主路车流时,要低速选择汇入时机,不能急加速汇入车流。

4. 安全变更车道

变更车道前,通过内、外后视镜观察后方道路交通情况,确认安全后提前3秒开启转向灯,再次观察道路两侧有无车辆超越,在不妨碍其他车辆正常行驶的情况下逐渐变更到所需车道后,关闭转向灯。

每次变更车道,只能变更到相邻的车道。若需变更到相邻车道以外的车道,先变更到相邻的车道,行驶一段后,再变更至另一条车道。不得连续变更两条以上车道。在车道分界线为虚实线的路段,实线一侧的车辆严禁变更车道。

变更车道不宜过缓,长距离轧线行驶会影响其他车辆行驶,一般情况应用50~60米的距离变更车道,如图5-20所示。每变更一次车道,就隐含着一次风险,因此禁止随意变更车道。

图5-20　变更车道

在有导向车道的路口转弯时,要注意观察标志、标线,进入实线区前,根据选择的行驶路线按导向箭头方向变更车道。右转弯,进入右转弯导向车道;左转弯,进入左转弯导向车道。进入实线区后,不能变更车道。

转弯变更车道时,避免急转转向盘驶入相邻的车道,防止与突然出现的车辆相碰撞或因路面光滑引起车辆侧滑。

5. 安全跟车

驾驶机动车跟车行驶,要与前车保持安全距离,注意观察前车的动态,如图5-21所示。遇前车制动时,及时采取减速措施,防止发生追尾事故。

图 5-21　安全跟车

在城市道路跟车行驶时，不能只关注前车，要以 2 或 3 辆前车为目标，及时观察路面和前方道路的交通情况，前方车速改变时，及时调整车速。前方行驶路线变化时，要及时判断原因，随即进行调整。

遇前车绕行障碍物时，要根据障碍的情况确定跟车避让路线，留出足够的安全距离，适当转动转向盘，大半径、长弧线跟车越过，避免在临近障碍时超车或急转向绕行。

6. 安全会车

在没有中心隔离设施或者中心线的道路上会车时，减速靠右行驶，与对方车辆保持横向安全间距。会车前选择的交会位置不理想时，及时减速，低速会车或停车让行。

在有中心线的道路上会车时，注意观察道路两侧交通情况，遇对方车辆超过中心线或开启转向灯示意占道行驶时，立即靠路右边减速或停车让行。

在有障碍物的地点会车，要注意观察对面情况，遇对面来车已临近障碍物时，及时停车让对向来车优先通行，会车后再避开障碍，如图 5-22 所示。

遇障碍物在来车的前方，对方车辆已加速强行超越或开启转向灯示意占道行驶时，立即靠边减速或停车让行，不能因为有优先通行权而赌气抢行，以免造成事故或交通阻塞。

会车遇对方车辆加速超车时，要正确判断安全间距，减速或停车让行，安全避让相对方向来车。不可与其争道抢行，以防发生碰撞。

图 5-22　让临近障碍物的一方先通行

在狭窄路面会车，根据路面的宽度降低车速，同时保持两车间足够的横向安全距离，低速通过。交会后，注意从后视镜中观察确认无车辆超越时，再缓缓驶回正常行驶路线。会车有困难时，有让路条件的一方主动让对方先行。如果前方有较宽的路段，先到达道路宽阔处的车辆主动停车让行。

尽量避免在窄桥、坡道、隧道、涵洞、急转弯处会车。遇在道路宽度仅能容纳一辆车通过的路段、窄桥会车时，距狭窄处距离近、车速快的一方先行，距离较远、车速慢的一方应主动让行，不可盲目抢行。

狭窄坡道上会车，下坡车让上坡车先行，如图 5-23 所示。如果下坡车已行至中途而上坡车还未上坡时，下坡车先行。在狭窄的山路上会车，不靠山体一方的车辆先行。

7. 安全超车

超车时要保持与被超越车辆的安全距离，观察左侧交通情况，选择合适的时机，开启左转向灯，从被超越车辆的左侧超越。超越后，在不影响被超越车辆正常行驶的情况下，逐渐驶回原车道。

如图 5-24 所示，进入左侧道路超车，无法与正常行驶的前车保持横向安全间距或被超车无让出空间时，主动放弃超车，跟在前车后行驶。

在没有中心线的道路上超车时，开启左转向灯，从被超车左侧超越。预计在超车过程中与对面来车有会车的可能时，提前减速，主动减速放弃超车。

图 5-23 狭窄坡道上会车，下坡车让上坡车先行

图 5-24 进入左侧道路超车

驾驶机动车准备超越前方非机动车时，前方有车辆突然停车，造成非机动车占道过大影响正常行驶时，要及时减速让非机动车先行。

遇到隧道、铁路道口、急转弯路段、窄路、窄桥或遇前方道路上有车辆掉头时，不得超车。

行车中超越右侧停放的车辆时，为预防其突然起步或开启车门，要预留出横向安全距离，减速行驶，这种情况即使长鸣喇叭、加速通过和保持正常速度行驶，都无法预防突然出现的危险。

驾驶机动车发现后车发出超车信号时，若具备让车条件，应及时开启右转向灯，减速靠右让行，必要时辅以手势示意让行，不得故意不让或让路不让速。

8. 安全掉头

要根据道路条件或交通情况，尽量选择交通流量小、不妨碍正常通行的车辆和行人且允许掉头的安全路段掉头；路口要选择虚线外进行掉头，实线处不得掉头，如图 5-25 所示。

图 5-25　国道掉头

严禁在人行横道线、铁路道口、窄路、弯道、桥梁、隧道、涵洞和有禁止掉头标志的路段掉头。

在允许掉头的路段或路口掉头时，提前开启左转向灯，进入左侧掉头导向路段，在不影响其他车辆正常行驶的情况下向左侧变更车道，按交通标志的指向完成掉头。进入路口实线区后，不得向左变道。

在无隔离设施允许掉头的路段掉头，先要仔细观察道路交通情况，必要时停车观察，确认车辆前后无车辆或行人通过时，方可打开左转向灯进行掉头。掉头时，不得妨碍正常行驶的其他车辆和行人常通行。

9. 安全倒车

驾驶机动车倒车前，要仔细观察倒车路线，确认具备安全倒车条件后，方能进行倒车，如图 5-26 所示。即便是后方道路条件较好，也不得加速倒车。

图 5-26　安全倒车

在一般道路上倒车应避开交通繁忙、非机动车和行人较多、路面狭窄的路段。倒车时，若发现有过往车辆通过，主动停车避让。因掉头需要倒车时，选择在不影响正常交通的地段进行。

倒车过程中要缓慢行驶，注意观察车辆两侧和后方的情况，并随时注意车头两侧的空间位置，随时做好停车准备，以免因转向角度过大而发生刮擦事故。

10. 安全停车

（1）路边临时停车

如图 5-27 所示，路边临时停车要选择不妨碍交通又无禁止停车标志的路段或地点，提前开启右转向灯，并通过内、外后视镜观察后方和右侧交通情况，确认安全后，方可靠边停车，不得在设有禁止停车标志的路段停车。

停车后，车身距离道路右侧边缘线或者人行道边缘不得大于 30 厘米，车身不得超过道路右侧边缘线或者人行道边缘。停车后，先拉紧驻车制动操纵杆，再放松制动踏板。

停车后开车门前，将发动机熄火，先观察侧后方和左侧交通情况，再缓开车门，以免开车门时妨碍其他车辆及行人通行。

多辆车一起临近停车时，靠道路右侧依次停放，并保持适当的纵向间距，不得与其他车辆并排停放。在城市街道上临时停车，按指定的位置停放，不得在道路两侧并列停放或逆向停车。

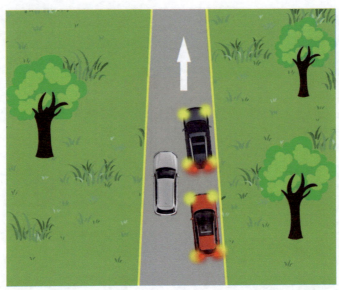

图 5-27　路边临时停车

在道路上临时停车时，不得妨碍其他机动车和行人通行。夜间或遇风、雨、雪、雾天在路边临时停车，要关闭前照灯，开启示廓灯和危险警告闪光灯。驾驶人下车后关好车门，不要远离车辆，妨碍交通时要迅速驶离。

(2) 车辆停放

车辆停放时间较长时，选择停车场或准许长时间停放车辆的地点，在规定的位置内依次停放，如图 5-28 所示。车辆长期停放时，尽量停入车库。不准在车行道、人行道和设有禁止长时停放标志的地点停放。

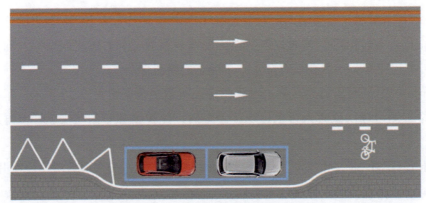

图 5-28　准许长时间停放车辆的地点

11. 安全通过铁路道口

通过有交通信号控制的铁路道口，在道口外减速、减档，按照信号灯的指示低速通行，不得在路口内变换档位。遇报警器鸣响或红灯亮时，停车等候，不准抢行通过铁路道口，如图 5-29 所示。

图 5-29　通过有交通信号控制的铁路道口

如图 5-30 所示，通过无交通信号控制或无人看守的铁路道口时，在道口外停车观察，做到一停（在停止线以外停车）、二看（观察左右是否有驶来的列车）、三通过（确认安全后，低速通过）。

图 5-30　通过无交通信号控制或无人看守的铁路道口

12. 安全通过人行横道

驾驶车辆接近人行横道线时，提前减速观察，注意观察人行横道左右两侧是否有行人通行，随时准备停车礼让行人。遇行人或非机动车通过人行横道时，及时停车让行，不得抢行或绕行。右转弯通行时，更要注意礼让通过人行横道的行人。

如图 5-31 所示，如果看到人行横道前有停止的车辆时，一定要停车，不要盲目通过，前车可能是停车避让行人。不要在人行横道及附近直行超车和变向超车，尤其要提防有些行动缓慢的人可能还滞留在人行横道上。

13. 安全通过学校区域

如图 5-32 所示，驾驶车辆行至学校附近或有注意儿童标志的路段时，一定要及时减速，注意观察道路两侧及周围的情况，时刻提防学生横过道路。

驾驶机动车在学校区域，遇到上学或放学时段，随时准备避让横过道路的学生和儿童。遇小学生或儿童横过道路时，及时减速或停车让行，避免发生事故。

看到道路一侧有家长或大人招手时，要及时减速，注意观察，做好随时停车的准备，预防有学生或儿童突然横穿道路。

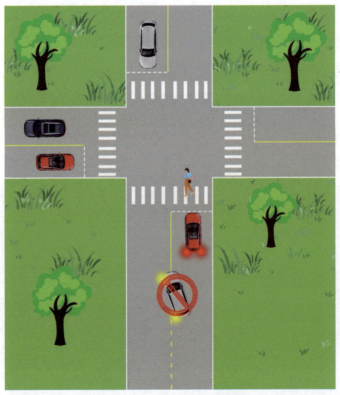

图 5-31　安全通过人行横道

图 5-32　安全通过学校区域

14. 安全通过公共汽车站

如图 5-33 所示，驾驶机动车通过公共汽车站，要提前减速行驶，注意观察车站内候车人的动态；不得占用公交专用车道；距离公交车站 30 米内不能停车。

图 5-33　安全通过公共汽车站

驾驶机动车超越停在公共汽车站的车辆时，要减速慢行，与公交车保持较大的安全间距，预防车站上下车的乘客从车前或车后横穿道路，做好随时停车的准备。

驾驶机动车在公交车站，遇到停在站内的公交车或有非机动车超越公交车时，要预防公交车突然起步或非机动车突然摔倒。

15. 夜间安全驾驶

（1）灯光的使用

夜间驾驶机动车起步前，开启近光灯，仔细观察道路周边情况，确认安全后再起步；行车中，车速在 30 千米 / 时以下，使用近光灯。跟随前车行驶时，后车不能使用远光灯。

通过无交通信号灯控制的交叉路口时，减速并交替使用远、近光灯示意。在风、雪、雨、雾天气夜间行车，应使用雾灯或近光灯。

夜间在照明条件差的道路上，车速在 30 千米 / 时以上时，使用远光灯。车辆通过照明条件良好的路段时，使用近光灯。夜间驾驶机动车在窄路或者窄桥遇非机动车（如自行车）交会时，要使用近光灯。

（2）超车、会车、跟车

夜间行车，要尽量避免超车，确需超车时，要连续变换远、近光灯向前车示意，在确认前车让速让路后，方可超越。

如图 5-34 所示，夜间会车应当在距对向来车 150 米以外改用近光灯，若对向车辆不关闭远光灯，可交替使用远近光灯提示对向车辆。当遇对面来行仍不关闭远光灯时，要及时减速靠右侧行驶或停车让行。

图 5-34　夜间会车在相距 150 米外改用近光灯

会车时，对面来车的灯光会造成驾驶人眩目而看不清前方的交通情况，驾驶人不要直视对面车辆灯光，将视线右移避开对方车辆灯光，并减速行驶。

两车交会时遇对方车辆不关闭远光灯，要减速并仔细观察两车灯光交会处（视线盲区）的危险，以防灯光的交会处有行人通过时发生事故。

夜间驾驶机动车跟车行驶时，要注意观察前车信号灯的变化，随时做好减速或停车的准备。

机动车在夜间发生故障时，驾驶人要选择安全区域停车，开启危险警告闪光灯、示廓灯和后位灯，按规定设置警告标志，以确保安全。

16. 安全通过路口

（1）直行通过路口

驾驶机动车通过有交通信号控制的交叉路口时，减速慢行，注意观察左、右方交通情况。红灯（箭头灯）或黄灯亮，停在路口停止线外等待放行信号。

驾驶机动车在绿色信号灯亮的路口直行，如图 5-35 所示，遇到对方有左转弯车辆进入路口时，要及时减速停车让行，不要抢行通过。

驾驶机动车在黄色信号灯亮的路口，不能加速通过，需在停止线以外停车等待。黄灯亮时加速通过路口，会影响路口车辆的正常通行。

图 5-35　在绿色信号灯亮的路口直行

驾驶机动车通过设有箭头信号灯的路口，要注意观察信号灯的指示方向，按照绿色箭头信号灯的指示通过。

驾驶机动车在交叉路口，遇到行人不走人行横道横穿道路时，及时减速停车让行，不得加速从行人两侧绕行通过。

在没有交通信号灯控制的路口直行，距路口 50~100 米时减速，行至路口时仔细观察左、右侧前路交通情况，做到"一看、二慢、三通过"。遇到有停车让行标志的路口，要停车观察主路情况，确认安全。

通过路口时注意避让正在通行的车辆和行人，随时做好停车准备。即使有优先通行权，也不能忽视对面来车抢先左转弯或左右车道车辆抢行带来的危险。遇到有减速让行标志的路口，要减速缓慢进入主路。

（2）交叉路口左转弯

如图 5-36 所示，在路口左转弯时，提前开启左转向灯，进入左转弯车道或靠道路左侧行驶；在不影响其他车辆和行人正常通行的情况下，沿中心圈左侧低速向左转弯。

驾驶机动车在有导向箭头的路口左转弯时，要提前按导向箭头指示向左变更车道。同时，注意观察前方和左侧车道内的情况，不得影响左侧车道内左转弯车辆的通行。

在有交通信号灯控制的路口，要提前进入左转弯车道或靠道路左侧行驶，等待放行信号。有左弯待转区线的路口，应在直行绿灯亮时进入待转区；绿灯或绿色左转箭头灯亮时，靠路口中心点左侧低速转弯。

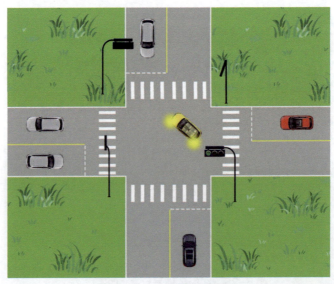

图 5-36　交叉路口左转弯

（3）交叉路口右转弯

如图 5-37 所示，在路口右转弯时，提前开启右转向灯，进入右转弯车道或靠道路右侧行驶，注意观察后方和右转弯方向道路交通动态，同时观察右转弯的车辆和行人，在不影响其他车辆和行人正常通行的情况下，沿右侧低速转弯通过。

驾驶机动车在路口右转遇到红灯亮时，在不影响其他车辆和行人正常通行的情况下，减速靠右侧转弯通过。

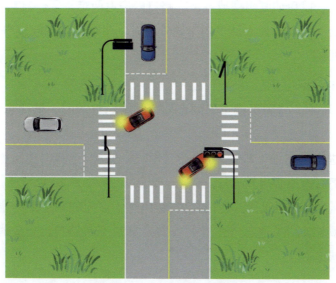

图 5-37　交叉路口右转弯

（4）通过复杂路口

如图 5-38 所示，通过复杂路口时，低速行驶，按规定避让行人和优先通行的车辆，并做好随时停车的准备，不能加速通过路口。

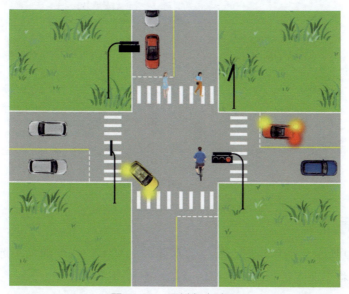

图 5-38　通过复杂路口

在视线良好的路口，驾驶人更要谨慎驾驶，以防视线盲区内出现突然情况而措手不及。在路口遇到其他机动车违法变道时，要及时减速避让，礼让通行。

遇有路口交通阻塞时，即便是绿灯亮，也要停在路口外等候，不得进入路口或停在路口内等候，以免加剧阻塞或被夹在路口内进退两难。

在复杂的交叉路口，遇到路口内车辆较多时，要减速观察路口内车辆通行情况，随时准备停车礼让。

（5）通过环岛路口

如图5-39所示，驾驶机动车遇到环岛行驶指示标志时，要注意前方环岛路口，提前减速行驶。

驾驶车辆进入环岛前，根据环岛内行驶车辆的情况选择时机按逆时针方向安全驶入，驶入环岛时不用开启转向灯。

驶出环岛前，在驶出的路口前开启右转向灯，在内侧车道的车辆应提前驶入外侧车道，注意观察道路右侧安全驶出。车辆在环形交叉路口内行驶时，如果有车辆强行驶入，要减速避让。

图5-39　通过环岛路口

17. 安全通过弯道

如图5-40所示，遇弯道时，根据弯道路面的宽窄、弯度的大小选择行驶速度，进入弯道前，将车速降低到限速范围内，靠右侧转弯通过。

驾驶机动车在转弯路段遇到对面来车占道时，减速靠右侧行驶。占对向车道行驶、在弯道内急转转向盘、驶入弯道前不减速均易引发交通事故。

图 5-40　安全通过弯道

18. 安全通过立交桥

驾驶机动车通过立交桥左转弯时，注意观察交通标志，按标志的引导行驶，过桥后向右转弯进入匝道，再右转弯。

驾驶机动车行经立交桥右转弯时，按照交通标志、标线的指示减速行驶，不过桥进入右转弯匝道一次完成右转弯。

车辆通过立交桥时，如发现选择路线错误，应继续行驶至下一立交桥或允许掉头的路口掉头，不得立即在原地掉头或倒车更改路线。

19. 安全通过隧道

①在隧道前面都有宽、高等限制的交通标志，必须按警告标示行驶。

②通过单行隧道时，应观察前方有无来车。如果发现对面已有车驶入隧道或有停车信号，应及时在道口靠右侧停车，等来车通过后或见放行信号后，再进入隧道，并开启前后灯光，再视情况缓急通过。

③通过双行隧道时，应靠道路右侧行驶，视情况开启灯光，注意交会车辆，保持车速，尽量避免超车。

④进入隧道后，将视线注视点移到隧道的远处，不要看两侧隧道壁，注意保持行车间距。

⑤严禁在隧道内变更车道、超车和随意停车。

⑥双向行驶的隧道内，禁止使用远光灯。

⑦有些长隧道，前半部分路段为上坡，后半部分路段为下坡，由于这种纵坡结构，汽车驶出隧道的平均车速比驶入平均车速约高 5~10 千米 / 时。由于在隧道没有相关参照物，存在视觉误差，不容易感觉到坡度的存在，加之下坡存在势能，各种车辆的制动距离都会拉长，所以跟车距离要适当拉大。

⑧夜间在隧道行车，隧道内有照明灯，隧道内比隧道外明亮，驾驶人不要因此提高行驶速度。在隧道内行车，不能凭直觉判断车速，一定要通过车速表确认行车速度。

⑨驶出隧道前，通过车速表确认行车速度；到达隧道出口时，握稳转向盘，以防隧道口处的横向风引起车辆偏离行驶路线；驶出隧道时，要注意观察隧道口处的交通情况，在出口处及时鸣喇叭，预防事故发生。山路隧道由于山体结构的原因，出隧道后的路面不一定是笔直的路面，很有可能是弯路，如不减速，非常危险；驶出隧道后，人对光线和明暗有一个适应过程，因此切勿盲目加速，以免因视觉不适应而造成危险。

20. 安全通过山区道路

如图 5-41 所示，山区道路地势起伏不平，坡陡弯急，临崖傍山，路幅狭窄，转弯半径小，视线盲区大，这些均给安全行车带来不良影响，因此在山区路段行车时一定要留心观察，谨慎驾驶。

图 5-41　安全通过山区道路

（1）汽车上坡防后溜

汽车上坡时，行驶阻力大，档位选择不当、换档不及时或车辆出现故障等，均会造成车辆后溜。

①出车前，要认真检查车辆技术状况。

②上坡前，要认真检查车辆装载是否均匀合理。

③上坡时，要正确选择档位，避免中途换档。

以手动档车型为例，上短距离陡坡，一般用1档，转速控制在2000转/分以上，如果前面有车或者后面有车，则应注意控制转速，并控制车与车之间的距离，转速一旦降低，就很容易熄火。

对于长距离陡坡，一般适合2档或3档上坡，转速维持在2500转/分或以上，如果觉得3档动力不足，转速升不上去，应该迅速换为2档。

对于长距离缓坡，一般速度都能到80千米/时或以上。高速公路上如果不超车，可以用5档上坡，当动力不足时应降到4档，转速维持在2500转/分以上。如果是省道，一般都要降到4档上坡，保持转速在2500转/分以上，能保证足够的动力和机动性。

④发动机突然熄火时，应立即同时使用驻车制动和行车制动停车，若出现失控后溜现象，则应把车尾转向靠山的一侧，让山体抵住车尾，强行停车。

（2）汽车下坡防失控

汽车下坡时，整车的重量前移，会造成转向沉重，制动效能降低，如果驾驶人操作不当或处理不及时，将使车辆越跑越快，直至无法控制车速，而发生坠崖翻车事故。

①下坡前应认真检查驻车制动器和行车制动器及转向盘连接部位的工作情况。

②下陡而长的坡道时，应选择适当的档位，并利用发动机的牵引阻力作用控制车速。

③对于气压制动的汽车，要保证下坡前有充足的气压，不得连续踩制动踏板，以免气压消耗过多致使制动力不足。

（3）弯道行车时要防撞车、坠崖

山路弯多且急，视线不良，驾驶车辆时稍有不慎或车速控制不当就会发生撞车、坠崖事故。为防止此类事故的发生，行车中应注意以下几点：

①在山路弯道行驶时，要严格控制车速，多鸣喇叭（夜间用断续灯光示意）警告，随时提防对面来车。

②车辆应在道路中间或稍靠山体的一侧行驶，并注意观察对面来车和山体一侧的情况，不要窥视悬崖深涧，以免分散精力以及产生紧张心理。经过曲折狭窄路段时宁可在路中轧沙堆、进水坑也不能太靠近路基边缘，切勿使车轮驶出路基外。

③在险要弯道上，如果发现对面来车，则应主动选择安全地段会车，当前行会车有危险时，应停车等候让行。注意路基的坚实程度，注意观察交通标志，合理选择安全地段行车。

④通过陡坡弯道时，应提前降低车速，缓慢转弯，尽量少用制动，尤其不要在临近弯道时使用紧急制动。

⑤通过路面不平的弯道时，要控制转向盘，以防转向轮轧石甩偏，使转向盘脱手失控发生意外。

21. 安全通过高速公路

（1）收费站取卡

车辆驶近收费站（图5-42）时，要严格遵守限速规定，选择通道上方亮绿灯且车辆较少的收费口通行，依次排队通过，切勿争道抢行。在设有电子不停车收费系统（ETC）的收费站，持有电子标签的车辆可以在20千米的时速内不停车直接通过ETC专用车道的收费口。

图5-42　收费站

进入收费口，尽量将车身靠近收费亭，驾驶舱门窗对齐收费窗口时停车，在入口处领到通行卡后，要妥善收存好，准备在出口处交卡和交费。

（2）匝道通行

通过收费口后，注意观察指路标志，按照自己的行驶路线，正确选择驶入的匝道，如图5-43所示。

进入匝道后，尽快提高车速，但不能超过标志规定的速度。前方有行驶的车辆时，要保持足够的安全间距。

图 5-43　匝道通行

（3）加速车道行驶

车辆进入加速车道后，开启左转向灯，迅速提高车速，及时选择驶入行车道的时机，如图 5-44 所示。在加速车道跟车行驶时，注意观察前车的加速情况，避免在加速车道上超车、减速或停车。

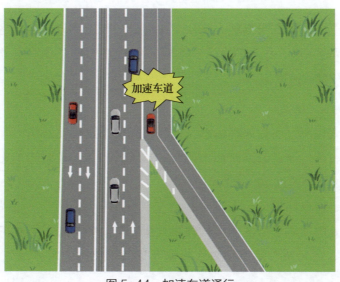

图 5-44　加速车道通行

驶入行车道之前，先通过后视镜观察行车道上的车辆，正确估计车流速度，调整和控制好车速，根据车流情况确定汇入车流的时机，尽快驶入行车道。

（4）行车道驾驶

车辆进入高速公路行车道后，严格遵守"分道行驶、各行其道"的原则和速度规定，如图 5-45 所示。根据车辆行驶速度正确选择行车道，不得随意穿行越线，不准骑、轧分界线，不得占用应急车道。有限速标志的路段，将车速控制在限制速度以内。

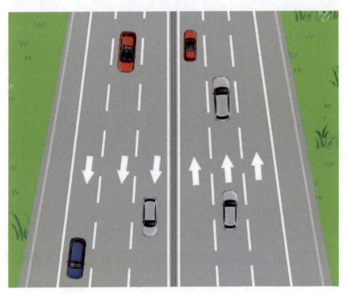

图 5-45　行车道驾驶分道行驶、各行其道

高速公路上专门设有为驾驶人确认行车间距的行驶路段，在此路段上行驶，可检验 100 千米/时车速下与前车的行车间距。正常情况下，在高速公路上的纵向间距略大于每小时行驶的速度值。

（5）通过跨江大桥

通过跨江大桥前，注意观察标志、标线，提前选定行驶路线，严格按标志限定的速度和标线行驶。通过公路跨江大桥时，握牢转向盘，控制好车速各行其道。正常情况下，车速不要超过 100 千米/时。

行经江面、河口路段时，车辆往往会受到强横向风影响，一定要握稳转向盘，以防江、河口处的横风使车辆偏离行驶路线或翻车。冬季雨雪天后在高速公路上行车，遇见桥梁、高架桥、匝道，必须降低车速，以免桥面结冰或残留有积雪引发危险。

（6）高速公路停车

如图 5-46 所示，车辆在高速公路上发生故障必须停车时，要控制好车速，看清车前车后的交通情况，开启右转灯尽快驶离行车道，停在紧急停车带或右侧路肩内。切不可紧急停车，更不可以在行车道直接停车。立即打开危险警告闪光灯，按规定停车后，在车后 150 米以外设置警告标志，夜间还需同时开启示廓灯和尾灯。车上人员应迅速转移到右侧应急车道内或者护栏以外，必要时通过紧急电话救援或报警。

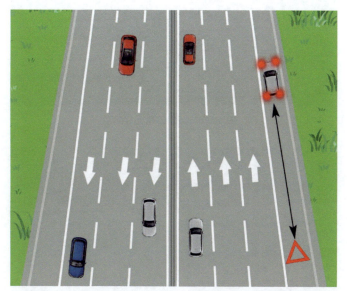

图 5-46　高速公路停车在车后 150 米以外设置警告标志

若车辆短时间内修复后返回行车道时，先在路肩应急车道上将车速提高至 60 千米/时以上，并开启左转向灯，在不妨碍其他车辆正常行驶的情况下驶入车道。

（7）驶入减速车道

高速公路出口前 2 千米、1 千米、500 米及出口处都设有下一出口预告标志。行驶到距出口 2 千米预告标志后，在左侧车道上行驶的车辆，逐渐变道至最右侧行车道行驶，如图 5-47 所示。在距出口 500 米时，打开右转向灯，适当调整车速，逐渐平顺地从减速车道的始端驶入减速车道。

（8）匝道行驶

如图 5-48 所示，驶入减速车道后，注意观察车速表，并逐渐减速，使车速在进入匝道前减至 40 千米/时或标志规定的速度以内。不得未经减速车道减速，直接从主车道驶入匝道。进入匝道后根据匝道的弯度掌握好转向盘。

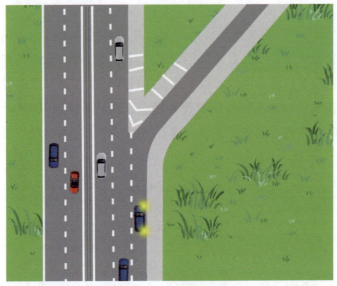

图 5-47　驶入减速车道

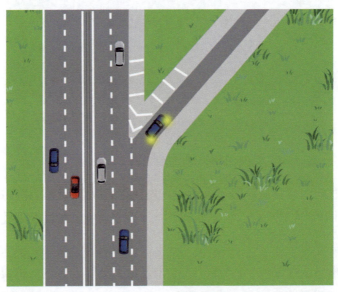

图 5-48　匝道行驶

如果误驶过出口，只能继续向前行驶至立交桥掉头，或者在下一出口驶离。严禁在高速公路紧急制动、停车、倒车、掉头、逆行、穿越中心隔离供紧急情况使用的缺口。

（9）驶离收费处

驶离收费处后的一段时间内，由于长时间高速行驶，对速度的判断有偏差。不要单纯凭自己的感觉判断车速，一定要通过观察速度表来控制车速，使感觉逐渐适应一般道路行驶速度。

22. 雾天安全驾驶

雾天能见度降低，视野变窄，视线模糊，视距缩短，方向难辨，行车中很难看清前方障碍物（行人、慢行车、故障车、事故车、凹坑等），极易发生交通事故。雾天行车，开启雾灯、示廓灯，严格控制车速，根据能见度选择不同的车速，保持足够的安全距离行驶，如图 5-49 所示。

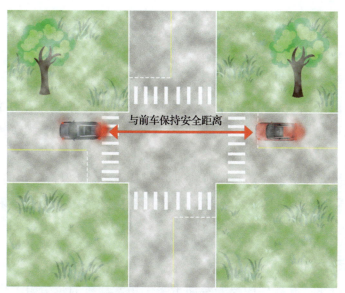

图 5-49　雾天安全驾驶

雾较大时，可间歇使用刮水器刮净风窗玻璃上因雾气凝成的小水珠，风窗玻璃内侧凝成的水珠可用风窗玻璃除霜功能清除或用干毛巾擦干。

进入浓雾区前，将车速控制在能及时停车的范围内，谨慎缓慢行驶。可多鸣喇叭以引起行人和车辆的注意，听到对方车辆鸣喇叭时，要及时鸣喇叭回应。发生道路堵塞时，立即停车，并开启危险警告闪光灯。浓雾中行车，要严格遵守靠右侧通行的原则，必要时可开启近光灯，以便看清前方车辆、行人及路况，同时提醒其他车辆和行人注意。

雾中会车，要选择宽阔的路段和地点低速交会。两车相会时，都要关闭雾灯，适当鸣喇叭，车辆之间及车辆与行人之间要保持充足的安全距离，以免发生碰撞和刮擦。发现可疑情况，立即停车让行。前方有障碍物会车时，要留出调整车速的时间和安全间距。遇对面来车车速较快，没有让路意图时，主动减速让行或靠边停车。

雾天跟车行驶，要密切注意前车动态，严格控制车速，适当加大与前车的纵向安全距离，以防与前方车辆距离太近，将前车开着的停车尾灯误认为是行驶车辆的尾灯，紧跟行驶导致撞车。

雾天严禁超越正在行驶的车辆。发现前方车辆靠右边行驶时，不可盲目绕行，要考虑到此车是否在避让对面来车。超越路边停放的车辆时，要在确认其没有起步意图而对面确无来车后，适时鸣喇叭，从左侧低速绕过。

23. 雨天安全驾驶

雨中行车，路面与轮胎间的附着系数减小，影响制动效能，因此很容易发生侧滑现象。通过容易引发滑转的道路时，要严格控制车速；如果发生车辆侧滑，切不可急转转向盘或紧急制动，而要充分利用发动机牵引阻力作用减速。

大雨或暴雨天气，能见度低，视线不良。当风窗玻璃上形成水流，靠刮水器难以改善视线时，要选择安全地点停车，并开启示廓灯，待雨小或雨停后再继续行驶。

雨中遇到行人和骑车人，要提前减速、鸣喇叭，与其保持一定的安全距离低速通过，预防车辆临近时，其突然转向或滑倒，同时避免积水溅到行人和骑车人身上。严禁争道抢行或从行人身边急速绕过。

24. 雪天安全驾驶

在冰雪路行车，有条件的要安装防滑链，用发动机的牵引阻力作用控制车速，低速行驶；有车辙的路段循车辙行驶。行车中转向盘不可急打急回，以防车辆侧滑偏出道路。

车辆发生侧滑时，立即缓慢、适当地向后轮侧滑的一侧转动转向盘，可连续多次回转转向盘，以便调整车身。

积雪覆盖的道路，沟壑被积雪掩盖难以辨别时，可根据道路两旁的树木、电线杆等参照物判断行驶路线，控制车速，低速行驶。在弯路、坡道及河谷等危险地段行驶时，更要注意选择好行驶路线。路况稍有可疑，立即停车，待查看清楚确认安全后再继续行驶。

冰雪路上超车、会车时，选择比较安全的地段靠右侧慢行，适当增大两车的横向间距，且与路边保持一定距离，必要时，可在较宽的地段停车让行。

冰雪路跟车行驶应与前车保持较大的纵向距离，遇前车制动减速时，及时采用间歇制动辅以驻车制动的方法减速，切忌将行车制动器踏板踏到底或拉驻车制动操纵杆过急过猛。

25. 风天安全驾驶

大风扬起的尘埃会阻挡观察视野，行车时要适当放慢车速正确辨认风向，握稳转向盘，防止行驶路线因风大而偏移。同时，注意车辆的横向稳定性，尽量减少超车，需要鸣喇叭时可适当延长鸣响时间。风沙特别大时，将车辆停靠在道路上风处，车头背向风沙，防止细微沙粒被发动机吸入而加速机件磨损。

逆风行驶时，风向突然改变或道路出现较大弯度，风阻突然减少，会使车速猛然增大。行车中要预防行人为躲避车辆行驶扬起的尘土，在车辆临近时突然跑向道路的另一边。

大风天夜间行车，使用防眩目近光灯，不宜使用远光灯，以免因出现眩目的光幕而影响视线。

26. 安全通过居民小区

驾驶机动车通过居民小区，要遵守限速标志的规定，低速行驶，随时注意观察道路两侧情况，遇到突然情况，要停车让行，不得连续鸣喇叭警示或加速抢行。

驾驶机动车借用居民小区通行时，要注意避让行人。遇两侧有行人占道行走时，要与行人保持安全距离低速行驶，待行人让路后再通过。

驾驶机动车在小区内遇到非机动车横穿道路时，要及时减速让行，不能在非机动车前方或后方加速通过。

驾驶机动车在居民小区遇到在路边玩耍的儿童时，要注意观察儿童的动态，减速缓慢通过。

第六章 科目三考试：安全文明驾驶常识

一、考试规程

1. 考试内容与合格标准

（1）考试内容

依据 GA 1026—2022《机动车驾驶人考试内容和方法》要求，申请 C 照科目三安全文明驾驶常识考试的内容如下：安全行车常识、文明行车常识、道路交通信号在交通场景中的综合应用、恶劣气象和复杂道路条件下安全驾驶知识、紧急情况下避险常识、防范次生事故处置与伤员急救知识、典型事故案例分析、地方试题。

其试题内容比例见表 6-1。

表 6-1 安全文明驾驶常识考试试题内容比例

试题内容	组卷比例
安全行车常识	20%
文明行车常识	18%
道路交通信号在交通场景中的综合应用	8%
恶劣气象和复杂道路条件下安全驾驶知识	16%
紧急情况下避险常识	10%
防范次生事故处置与伤员急救知识	12%
典型事故案例分析	6%
地方试题	10%
合　　计	100%

安全文明驾驶常识考试的试题是以文字或图片、视频等情景形式表现的判断题、

单项选择题和多项选择题。其中，判断题占 40%，单项选择题占 40%，多项选择题占 20%。

安全文明驾驶常识考试的试题共 50 题。

（2）合格标准

安全文明驾驶常识考试满分为 100 分，成绩达到 90 分为合格。

2. 考试流程

安全文明驾驶常识考试在考试员的现场监督下，由考生使用全国统一的驾驶理论考试系统独立闭卷答题，考试时间为 45 分钟。考试流程与科目一基本相同。

第一步：考试受理

驾校为每位考生统一办理考试受理凭证，考生领取凭证后，应对受理凭证上的基本信息（如姓名、身份证号、照片、准驾车型）进行核对。

第二步：进入考场

考生按受理凭证上的考试时间和考试地点，到车管所考场，持本人有效身份证原件、考试受理凭证和学员候考证在科目三安全文明常识考试室外排队依次进入考场。

第三步：核对信息

考生进入考场后，先将身份证原件及受理凭证交给考试员登录确认，然后按计算机安排的座位号入座；此时，系统管理员已把每个考生信息绑定在计算机上了，考生不需要输入个人信息，只需核对确认即可。

第四步：开始答题

按下"开始"键后，进入答题界面，时间进入倒计时（45 分钟），考生按顺序依次答完 50 道题。

第五步：提交答卷

考试 15 分钟后可以交卷，45 分钟后自动交卷，交卷之前可任意修改答案；交卷后考试分数立刻显示在计算机屏幕上，90 分或以上者考试合格，考试结束。

第六步：不合格复考

考试成绩为 89 分或以下的考生应举手向考试员报名，待考试员示意后进行第 2 次考试，仍未达到 90 分的考生需进行补考。

3. 注意事项

①与考试有关的复习材料和书本一律不得带入考场，否则不论是否翻看，均以作弊论处。

②遵守考场纪律，服从考试员指挥。未经允许，考生禁止随意出入考场。

③进入考场，应关闭通信设备。禁止吸烟和吃零食，禁止大声喧哗和随意走动。

④考试不准冒名顶替，不准弄虚作假，不准交头接耳。

⑤注意考场卫生，禁止随地吐痰，禁止乱扔纸屑，要爱护公物及考试设备。

二、考试辅导

1. 学习技巧

安全文明驾驶常识考试涉及的内容非常多，主要包括安全文明驾驶操作要求、恶劣气象和复杂道路条件下的安全驾驶知识、爆胎等紧急情况下的应急处置方法，以及发生交通事故后的处置知识等。学习时，与科目一一样，先从题库入手。考C照安全文明驾驶常识考试题库有1656道试题，学习内容应围绕这些试题展开。

2. 答题技巧

（1）多项选择题答题技巧

多项选择题是由题干和四个选项组成，每题有两个或两个以上正确选项。多项选择题答题技巧如下：

1）通过对立关系进行选择

在多项选择题中，如果一个选项与另外三个选项的内容对立，那么内容相近的三个选项可能就是正确答案。

2）通过相近关系进行选择

在多项选择题中，如果存在两对内容相近的选项，而这两对选项内容对立，则其中一对相近选项应该为正确选项。例如，A、B、C、D四个选项中，A、B两项内容相近，C、D两项内容相近，而A、B组与C、D组内容对立。如果判断A项正确，那么A、B组都正确；如果判断C项正确，那么C、D组都正确。

3）通过递进关系进行选择

在A、B、C、D四个选项中，如果A、B、C三个选项间存在承接、递进关系，能同时成立，若A正确，则A、B、C都应该是正确选项。

（2）动画题答题技巧

做动画题重点是从以下几个方面看懂动画：

1）看人

一是看驾驶人是否系了安全带；二是看驾驶人是否接打电话及看手机；三是看道路上行人的动态。

2）看车

一是看外观，主要是看有无故意遮挡号牌；二是看仪表，主要是看车速表；三是看车的运行情况，主要是看行驶路线。

3）看路

一是看道路上的交通信号灯、交通标志与标线；二是看道路是否出现堵塞、施工、路障等情况。

（3）案例题答题技巧

做案例题要把握好审题、分析题和答题三个环节。

1）审题

在做题前应当认真阅读案例，特别是有关细节，这些细节将对分析案例有直接帮助。

2）分析题

分析案例的依据有两个，即案例事实和法律法规。在弄清案例事实的基础上，找出相应的法律规定，并仔细推敲。再用法律规定与案例事实对照，得出是否有违法行为。

3）答题

将分析得出的违法行为与题中选项对照，吻合者即为答案。

三、强化安全文明驾驶

1. 驾驶人道德修养

①一个合格的驾驶人不仅表现在驾驶技术的娴熟上，更重要的是应该具有良好的驾驶行为习惯和道德修养。

②谨慎驾驶的三条黄金原则是：集中注意力、仔细观察和提前预防。

③驾驶车辆时，要安全行车，文明礼让，友好驾驶，做到不开"英雄"车、"冒险"车、"赌气"车和"带病"车。

④行车中发现有需要援助的车辆时，应减速停车，给对方以帮助，如图6-1所示。发现其他车辆陷入泥泞，损坏路段不能行驶，需要帮助时，应主动、尽力帮助。遇其他驾驶人向自己询问路线时，应耐心回答。发现其他车辆有安全隐患时，应及时提醒对方。

⑤遇有前方发生交通事故，需要帮助时，应协助保护现场，并立即报警。遇交通事故受伤者需要抢救时，应及时将伤者送医院抢救或拨打急救电话。

图 6-1　有需要援助的车辆应停车帮助

⑥在狭窄的路段会车时，应做到礼让三先：先慢、先让、先停。行车时遇到对向来车占道行驶，应主动给对方让行。会车中遇到对方来车行进有困难需借道时，应尽量礼让对方先行。

⑦行车中遇到路口情况复杂时，应做到"宁停三分，不抢一秒"。发现前方道路拥堵时，应减速停车，依次排队等候，等疏通后，方可继续行驶。车辆在拥挤路段低速行驶时，遇其他车辆强行"加塞"，应主动礼让，确保行车安全。

⑧行车中遇到后方车辆要求超车时，应及时向右行驶让行。行车中发现前方车辆行驶速度比较缓慢时，可以提前变更车道超越。驾驶人在超车时，前方车辆不减速、不让道，应停止继续超车。在超车时，发现前方车辆正在超车，应停止超车，让前方车辆先超车。

⑨驾驶车辆正常行驶时，对道路情况的处理要有预见性，遇障碍时能平稳停车。

⑩驾驶人在行车中经过积水路面时，应特别注意减速慢行。行经两侧有行人或有非机动车且有积水的路面时，应减速慢行。

⑪驾驶人在清洗车辆时，不乱扔垃圾，应把垃圾整理好放入垃圾袋内，将垃圾投放在允许堆放的地方。在城区内清洗车辆时，应当在车辆清洗点清洗。

⑫车辆行驶过程中，驾驶人应当把废纸或废弃物放入随车携带的垃圾箱（袋）里，同时提示乘车人把废弃物放入随车携带的垃圾箱（袋）里。

⑬当驾驶人与其他人员发生矛盾或争执时，待情绪平静后再驾驶车辆。

⑭驾驶车辆在道路上行驶时，驾驶人要按照车速表显示控制车速，在规定的范围内安全行驶。

⑮驾驶车辆时，为了安全驾驶人不要穿拖鞋，女性驾驶人不要穿高跟鞋。

⑯驾驶车辆时，长时间左臂搭在车门窗上，或者长时间右手抓住变速杆球头，是一种驾驶陋习。

⑰山区行车，对方车辆主动让行时，可低声短促鸣喇叭以示感谢。

2. 驾驶人文明礼让行为

①如图6-2所示，有交通信号灯和人行横道斑马线时，机动车根据信号灯指示正常通行，行人在红灯通行时也应当避让。

图6-2　机动车根据信号灯指示正常通行

②有交通信号灯、无人行横道斑马线时，机动车根据信号灯指示正常通行，行人在红灯通行时也应当避让，如图6-3所示。

图6-3　行人红灯通行时应当避让

③无交通信号灯、有人行横道斑马线时，机动车应当履行避让义务，在行人通行时停车等待，如图6-4所示。

图6-4　无交通信号灯、有人行横道斑马线

④无交通信号灯、无人行横道斑马线时，机动车应当减速慢行，在行人通行时避让行人，如图6-5所示。

图6-5　无交通信号灯、无人行横道斑马线

3. 紧急避险原则

（1）行车中紧急避险原则

①要沉着冷静，不要惊慌失措，这是做好避险动作的前提条件。

②要先避人后避物，因为物资损坏可以补偿，而人的生命却毫无补偿办法。

③要避重就轻，即"两害相权取其轻"。

④要先顾他人后顾自己。

⑤要在低速时重方向轻减速，在高速时重减速轻方向。

（2）高速公路紧急避险原则

高速公路行车紧急情况避险的处理原则是先避人后避物，减速不转向。在高速公路遇到紧急情况时要采取制动减速措施，不要轻易转向避让。在高速公路除遇障碍、发生故障等必须停车外，不准停车上下人员或者装卸货物，要到服务区或停车场停车。

车速较高，前方发生紧急情况时，要先采取制动减速，再转方向避让，以减小碰撞损坏程度。

机动车在高速公路上发生故障需检查时，要在应急车道停车，不要在行车道上抢修。车辆因故障暂时不能离开应急车道或路肩时，驾乘人员要下车在路边护栏外安全的地方等候。

驾驶机动车遇特殊情况或者发生事故时，开启危险警告闪光灯，疏散人员，正确放置危险警告标志，如图6-6所示，尽力将损失降到最低限度，决不能因紧急避险造成二次事故或更大的损失。大雾天在高速公路遇到事故不能继续行驶时，人员要从右侧车门下车，站到护栏以外安全的地方。

图6-6　高速公路出现故障应正确放置警告标志

机动车在高速行驶时，前面扬起的飞石或遗撒物会造成视线模糊不清或将风窗玻璃击裂，遇此情况，驾驶人要逐渐降低车速、开启危险警告闪光灯并将车移至不妨碍交通的地点。

雨天在高速公路行车，为避免发生"水滑"现象而造成方向失控，要降低车速。一旦发生"水滑"现象，要缓抬加速踏板减速，不要紧急制动减速。

高速公路行车发生火灾或自燃时，要尽快靠边停车，在来车方向设置警告标志，及时报警，使用车内备用的灭火器灭火。发动机着火时，要迅速关闭发动机，千万不要开启发动机舱盖进行灭火，更不要将车辆驶进服务区或停车场灭火。

4. 车辆事故及险情处置

（1）轮胎漏气、爆胎

轮胎气压过低时，高速行驶轮胎会出现波浪变形；温度升高时，会导致爆胎。发现轮胎漏气或气压过低时，要缓慢制动减速，驾驶机动车驶离主车道，减速时不要紧急制动，以免造成翻车或后车制动不及时导致追尾事故。

遇到突然爆胎时，要紧握转向盘，保持镇静，缓抬加速踏板，尽力控制机动车直线行驶，轻踏制动踏板，缓慢减速，尽快平稳停车。切忌慌乱中急踏制动踏板，尽量采用抢挂低速档位的方法，利用发动机制动减速。

后轮爆裂时，要先控制行驶方向并缓慢减速。前轮爆胎时，在控制行驶方向后，采取抢挂低速档位的措施减速停车。

发生爆胎后，在尚未控制住车速前，如踩踏制动踏板紧急制动停车，会造成车辆横甩而发生更大的险情。

用降低轮胎气压的方法无法避免爆胎。正确的做法是定期检查轮胎、及时清理轮胎沟槽里的异物、更换有裂纹或损伤严重的轮胎。

（2）转向失控

高速行驶的机动车，在转向失控的情况下紧急制动，很容易造成翻车。机动车转向突然失控后，若前方道路条件能够保持直线行驶，要迅速开启危险警告闪光灯，抢挂低速档位或合理使用行车制动和驻车制动减速停车，避免紧急制动，如图6-7所示。

驾驶装有助力转向的机动车转向困难时，要停车查明原因。遇到转向失控、行驶方向偏离，事故已经无可避免时，要果断地采取紧急制动，也可果断地连续踩踏、放松制动踏板，尽量缩短停车距离，减轻撞车力度。

（3）制动失效

驾驶机动车遇制动突然失灵时，要迅速开启危险警告闪光灯，握稳转向盘控制方向，抢挂低速档位减速，使用驻车制动配合减速，但驻车制动不能一次拉紧。

图 6-7 转向失控时的应急处理方法

下坡路行驶中制动突然失效时,要迅速逐级或越一级减档,利用发动机牵引阻力作用控制车速,迅速利用避险车道减速停车或向上坡道方向行驶。在不得已的情况下,可将车身靠向山坡、路旁的岩石或树木碰擦,迫使机动车减速停车。不可采用拉紧驻车制动或越多级减档的方法减速停车。

预防机动车制动失效的有效措施是定期维护制动系统,行车前注意检查制动踏板的自由行程和制动液压,行车中正确使用制动,防止出现热衰退现象。

(4)发动机熄火

行车中发动机突然熄火后不能起动时,立即开启危险警告闪光灯,缓慢制动减速,及时靠边停车,放置故障车警告标志,检查熄火原因。

(5)碰撞

驾驶机动车与对向来车发生正面碰撞且碰撞位置在正前方时,要迅速离开转向盘,往副驾驶座位躲避,迅速将两腿抬起。发生撞击的位置不在驾驶人一侧或撞击力量较小时,紧握转向盘,两腿向前蹬,身体向后紧靠座椅。

在车速高、可能与前方机动车发生碰撞时,要先制动减速,后转向避让。发生正面碰撞已不可避免时,应迅速采取紧急制动。

(6)机动车着火

机动车发生火灾时,要设法将机动车停在远离城镇、建筑物、树木、机动车及易燃物的空旷地带,迅速关闭发动机。站在上风处,用灭火器瞄准火源灭火,灭火器的使用方法如图 6-8 所示;也可用路边沙土、篷布、棉衣、工作服等物品灭火。

机动车电器、汽油着火后不能用水来熄灭。

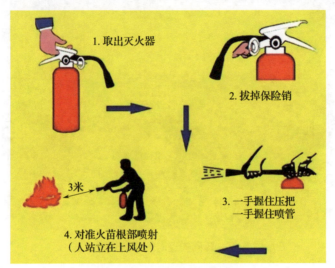

图6-8　灭火器的使用方法

灭火时，要脱去所穿的化纤服装，以免伤害暴露的皮肤。不要张嘴呼吸或高声呐喊，以免烟火灼伤上呼吸道。

（7）机动车落水

机动车落水后要等到水快浸满车厢时，再设法开启车门或摇下车窗玻璃自救逃生。不可用迅速关闭车窗阻挡车内进水、短暂闭绝空气、打电话告知救援人员失事地点的方法等待救援。

（8）车轮侧滑抱死

未安装防抱死制动装置（ABS）的机动车在冰雪路面制动时，要轻踏或间歇踩踏制动踏板，以免车轮抱死。制动时前车轮抱死会丧失转向能力，后车轮抱死会出现侧滑甩尾的情况。

驾驶机动车在泥泞路行车、冰雪路面转弯，速度过快时容易发生侧滑。前轮侧滑时，要向侧滑相反方向转动转向盘；后轮侧滑时，要向侧滑方向转动转向盘。在泥泞路发生侧滑时，要向后轮侧滑的方向转动转向盘适量修正。

5. 交通事故逃生

（1）逃生原则

①事故发生过程中，车内人员首先稳定自己的身体，避免或减轻受伤。

②车内稳定身体最好的方法，就是系安全带，所以驾乘人员上车后无论坐在什么位置都应首先系好安全带。

③事故车体稳定后，先确定环境是否安全，再选择逃离或等待救援。

（2）高速公路停车撤离

①当发生故障或事故必须停车时，应逐渐向右变更车道并在紧急停车带停车。

②停车后，立即开启危险警告灯，在夜间还需开启示廓灯和尾灯，并在车辆后方150米处设立警告标志。

③驾乘人员不得滞留车内，应迅速转移至车辆右后侧护栏以外路边，报警等候救援。

（3）车辆发生火灾时逃生

①车辆发生火灾时，应尽快撤离车内。

②如果车门已不能打开，应使用能用的工具敲碎侧窗玻璃，尽快逃离。

③在逃离过程中，不吸或少吸烟雾，有条件的可用水浸毛巾或衣物堵住口鼻。

（4）车辆落水后的逃生

应迅速判断水面的方向，估计水的深度，判断是否能淹没车体。如果没有被淹没，待车辆稳定后，设法从安全的出处离开车辆。如果车体被水淹没，在下沉过程中，不要急于打开车门和玻璃，因为车内没进满水前，存在内外压力差，车门是难以推开的。即使推开车门或玻璃，强大的水流向车内灌注，也会使人无法爬出车外。要选择好脱离的出口，深呼吸，做好憋气潜水的准备，等待水即将车内灌满，当内外水压基本相等时，推开车门或破窗而出。

6. 事故现场处置

（1）事故现场处理

驾驶机动车遇前方发生交通事故等情况，需要帮助时，要协助保持现场，并立即报警。现场有伤者需要抢救时，及时将伤者送往医院抢救或拨打急救电话。报警及急救电话见表6-2。

表6-2　报警及急救电话

序号	名称	电话号码
1	交通事故报警电话	122
2	高速公路报警救援电话	12122
3	医疗救护电话	120
4	公安报警电话	110

驾驶机动车在道路上发生交通事故，驾驶人要迅速停车，保护现场，及时拨打

交通事故报警电话和保险公司电话（表 6-3）。有人员受伤时，要立即抢救受伤人员，并迅速报警和拨打急救电话。因抢救受伤人员需要变动现场时，要标明位置。

表 6-3　保险公司电话（部分）

序号	名称	电话号码
1	平安车险	95511
2	人保车险	95518
3	太平车险	95589
4	太平洋车险	95500
5	亚太车险	95506
6	大地车险	95590
7	阳光车险	95510
8	华安车险	95556
9	天安车险	95505
10	永诚车险	95552
11	永安车险	95502
12	都邦车险	95586
13	安华车险	95540
14	中华联合车险	95585
15	安诚车险	95544
16	人寿车险	95519
17	鼎和车险	95393
18	中银车险	95566
19	紫金车险	95312
20	珠峰车险	1010-8848
21	华泰车险	400-609-5509
22	信达车险	400-866-7788
23	诚泰车险	400-622-2888
24	锦泰车险	400-866-6555
25	利宝车险	400-888-2008

驾驶机动车在道路上发生交通事故，未造成人身伤亡或仅造成轻微财产损失，基本事实清楚，当事人对事实及成因无争议的，可以即行撤离现场，恢复交通，自

行协商处理损害赔偿事宜。当事人对交通事故事实及成因有争议时，要迅速报警。

（2）拖车注意事项

①拖车杆的选择：目前拖车驾驶可分为软拖和硬拖。只有当被牵引的车辆有制动器时，才能使用软牵引；另一方面，如果被拖的车辆没有制动，就需要用硬拖。

②注意距离和速度：一定要掌握拖车的距离和速度。建议车距保持在10米以上，车速保持在20千米/时以内。

③档位选择：被牵引的车辆需要在拖车之前将变速杆置于空档；从而减少齿轮之间的磨损。如果被拖车辆不是发动机故障，应保持起步状态，保证车辆始终有转向力和制动力。

④注意沟通：拖带过程中，前后车要随时沟通，以便及时了解对方的情况，避免不必要的损失。即使不能长时间通话，也要按照之前的约定，通过喇叭或者前照灯进行沟通。

⑤开车时的注意事项：拖带过程中，必须打开双闪灯，在道路最外侧车道行驶，以免影响其他车辆的正常行驶。另外，前车一定要时刻考虑到后面被拖的车辆，缓慢平稳地起步和停车，松弛的拖绳绷紧后，再正常起动。如果起步过猛，拖绳很容易受损，造成安全隐患。转弯或驶出出口时切记要慢行。因为后面被拖车辆一般都处于熄火状态，没有转向助力和制动助力，所以制动时机和路况选择需要提前掌握。

⑥严禁驶入高速公路和城市快速路主干道。

⑦为了避免因被拖车辆提前停车，拖车继续向前行驶，导致拉断拖绳而发生意外，停车时，拖车先停车，被拖车辆再停车。

⑧适时四驱车型可以直接拖行，非全时四驱车型要切换到两驱模式才能拖行，全时四驱车型禁止拖行。

7.伤员急救

（1）伤员急救的要求

在事故现场抢救伤员的基本要求是先救命、后治伤。遇重、特大事故有众多伤员需送往医院时，处于昏迷状态的伤员，首先送往医院，颈椎受伤的伤员最后送往医院。受伤者在车内无法自行下车时，可设法将其从车内移出，尽量避免二次受伤。遇伤者被压于车轮或货物下时，设法移动车辆或搬掉货物，根据伤势采取相应的救护方法，切忌拉拽伤者的肢体。

（2）昏迷不醒伤员的急救

抢救昏迷失去知觉的伤员，要先检查伤员呼吸，再进行救护；搬运昏迷或有窒息危险的伤员时,要采用侧卧的方式,如图6-9所示。

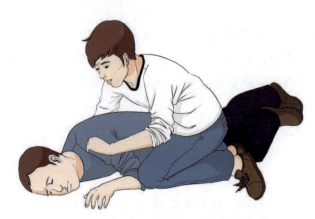

图6-9 昏迷不醒的伤员采用侧卧方式

(3)失血伤员的急救

抢救和处理失血伤员,首先是利用外部压力,使伤口流血止住。采用指压止血法为动脉出血伤员止血时,拇指压住伤口的近心端动脉,然后用绷带进行包扎,如图6-10所示,在没有绷带的情况下,可用毛巾、手帕、床单、长筒尼龙袜子等代替。救助失血过多出现休克的伤员,要采取保暖措施,防止热损耗。

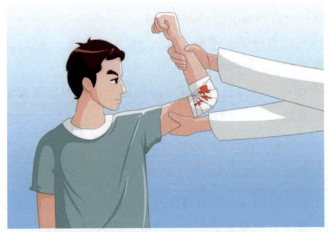

图6-10 失血伤员的急救

(4)烧伤伤员的急救

救助全身燃烧的伤员,应迅速扑灭伤员衣服上的火焰、向全身燃烧的伤员身上喷冷水、脱掉烧着的衣服、用消毒绷带覆盖烧伤伤口。注意,用沙土覆盖会造成伤口感染,甚至危及生命。烧伤伤员口渴时,可喝少量淡盐水。

（5）中毒伤员的急救

救助有害气体中毒伤员时，要在第一时间迅速将伤员移到有新鲜空气的地方，以防止继续中毒。

（6）骨折伤员的处置

抢救骨折伤员时，为防止骨折伤员休克，不要移动伤员身体的骨折部位。对无骨端外露骨折伤员的肢体，用夹板或木棍、树枝等固定时要超过伤口上、下关节，如图6-11所示。伤员大腿、小腿和脊椎骨折时，一般就地固定，不要随便移动伤员。

图6-11　骨折伤员的处置

伤员骨折处出血时，先止血并消毒包扎伤口，然后再固定。伤员四肢骨折有骨外露时，不要还纳，可用敷料包扎。

抢救脊柱骨折的伤员时，用三角巾固定。移动脊柱骨折的伤员，切勿扶持伤者走动，要用硬担架运送；把骨折伤员抬上担架时，要遵循医护工作人员的指导，由3名救护人员把手托放在伤员身下，一起将伤员抬上担架。

（7）常用伤员止血法

伤员大动脉出血时，可采用指压止血法，用拇指压住伤口的近心端动脉，阻断动脉运动，达到快速止血的目的。

颈总动脉压迫止血法，常用于伤员颈部动脉大出血和采用其他止血方法无效时使用。在紧急情况下急救伤员时，须先用压迫法止血，然后再根据出血情况改用其他止血法。

伤员上肢或小腿出血，且没有骨折和关节损伤时，可采用在腋窝、肘窝或腘窝加垫屈肢止血法止血，如图6-12所示，不可采用加压包扎止血法止血。

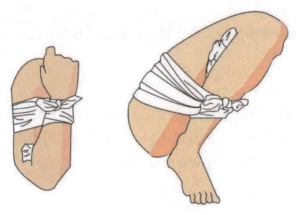

图 6-12　上肢或小腿出血止血方法

8. 常见危化品处置常识

危险化学品（简称危化品）包括爆炸品、压缩气体、液化气体、易燃气体、易燃固体、自燃物品、遇湿易燃物品、氧化剂和有机过氧化物、有毒品和腐蚀品等。危化品的特性是易燃、易爆，有毒害、腐蚀、放射性。

（1）危险化学品事故应急处置

1）防护

做好呼吸防护，在确认发生毒气泄漏或危险化学品事故后，应马上用手帕、餐巾纸、衣物等随手可及的物品捂住口鼻。身边如有水或饮料，最好把手帕、衣物等浸湿。最好能及时戴上防毒面具、防毒口罩。做好皮肤防护，尽量戴上手套，穿上雨衣、雨鞋等，或用床单、衣物遮住裸露的皮肤。如已备有防化服等防护装备，要及时穿戴。做好眼睛防护，尽量戴上各种防毒眼镜、防护镜或游泳用的护目镜等。做好食品检测，污染区及周边地区的食品和水源不可随便动用，须经检测无害后方可使用。

2）撤离

判断毒源与风向，沿上风或上侧风路线，朝着远离毒源的方向撤离现场。

3）洗消

到达安全地点后，要及时脱去被污染的衣服，用流动的水冲洗身体，特别是曾经裸露的部分，防止皮肤吸入性中毒。

4）救治

迅速拨打"120"，将中毒人员及早送医院救治。中毒人员在等待救援时应保持平静，避免剧烈运动，以免加重心肺负担致使病情恶化。

（2）常见危化品泄漏的处置

1）爆炸品

发生火灾时，要用水、雾状水、泡沫进行扑救，切忌使用沙土掩盖。

2）腐蚀品

发生火灾时，应及时用水、沙、土等进行覆盖。禁止用直射水流，以防液体飞溅。

3）放射性物品

发生火灾时，应用水、泡沫、二氧化碳、沙土进行扑救，同时注意射线，做好防护。

4）易燃固体

发生火灾时，可用沙、土覆盖，也可用水浇灭。

5）自燃物品

发生火灾时，要根据自燃物的特性进行施救，常用物质有水、沙土、干粉等。

6）易燃液体

发生火灾时，常用泡沫、干粉、黄沙等进行扑救。

7）压缩气体和液化气体

发生火灾时，应用水、沙土和泡沫进行扑救。

第七章　汽车维护保养常识

一、汽车的结构与组成

汽车通常由发动机、底盘（传动系统、转向系统、行驶系统和制动系统）、车身和电气设备等部分组成，其主要组成部件和总成如图7-1所示。

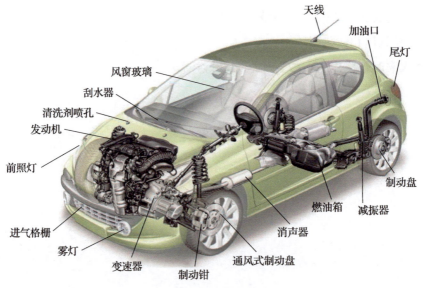

图7-1　汽车总体结构

1. 发动机

发动机是汽车的动力装置，其作用是使供入其中的燃料燃烧而产生动力。一般汽车都采用往复活塞式内燃机。它由曲柄连杆机构、配气机构、燃料供给系统、冷却系统、润滑系统、点火系统（汽油发动机用）和起动系统组成，其主要组成部件如图7-2所示。

第七章　汽车维护保养常识

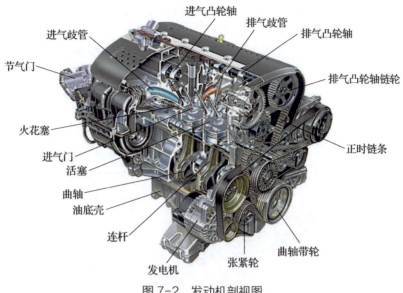

图 7-2　发动机剖视图

2. 传动系统

传动系统是将发动机输出的动力传给驱动车轮的装置，它包括离合器、变速器、传动轴、主减速器、差速器等部件，如图 7-3 所示。

图 7-3　后驱车辆传动装置组成

3. 转向系统

常见的液压助力转向系统的组成如图 7-4 所示。

4. 行驶系统

行驶系统是将汽车各总成及部件连接成一个整体，起到支承全车并保证汽车正

133

常行驶的装置。它包括悬架、车轮等部件，如图 7-5 所示。

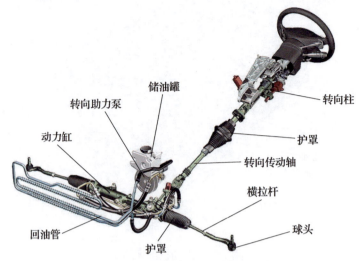

图 7-4　液压助力转向系统的组成

图 7-5　汽车行驶系统的组成

5. 制动系统

常见汽车制动系统的组成如图 7-6 所示。

6. 车身

车身是形成驾驶人和乘客乘坐空间的装置，也是存放行李等物品的载体，因此要求它既要为驾驶人提供方便的操作条件，又要为乘客提供舒适的环境；既要保护全体乘员的安全，又要保证货物完好无损。简而言之，车身既是安全保障部件，又是承载部件。在现代汽车中，它更像是技术与艺术有机结合的艺术品。轿车车身由本体、内外装饰和车身附件等组成。汽车车身本体和组成如图 7-7 所示。

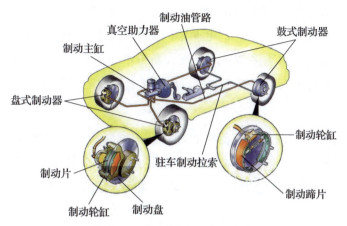

图 7-6 汽车制动系统的组成

a）车身本体

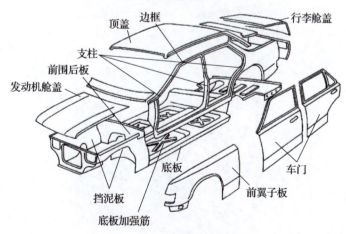

b）车身结构组成

图 7-7 汽车车身本体和组成

7. 电气设备

电气设备是汽车的重要组成部分，它由电源、发动机点火系统（汽油机）和起动系统、照明和信号装置、空调、电动车门窗系统、仪表和报警系统以及辅助电器等组成。对于高级轿车，更多地采用了现代新技术，尤其是电子技术，如微处理机、中央计算机系统及各种人工智能装置等，从而显著地提高了汽车的性能。

（1）电动车门窗系统

电动车门窗系统通过伺服电动机和升降机构来驱动车门窗玻璃移动，系统通过电动车门窗开关操作。车门窗玻璃固定在前后导轨的两个托架上。当电动机运行时，托架在拉索的驱动下按指定的方向在导轨上滑动，使车门窗玻璃上升或下降，如图7-8所示。

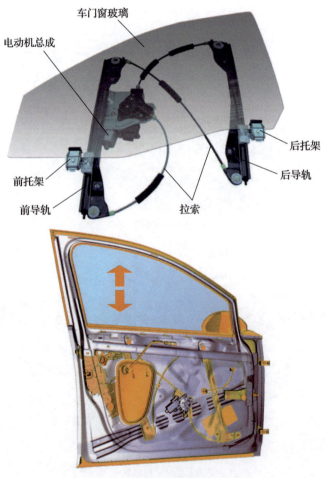

图7-8 电动车门窗系统的组成

（2）电动刮水和清洗装置

刮水和清洗装置的作用是刮除/清洗风窗玻璃上的雨水、积雪或灰尘等，以保持视野清晰。电动刮水和清洗装置的组成如图7-9所示。

图7-9 电动刮水和清洗装置

1—清洗喷嘴 2—前风窗玻璃刮水器 3—雨量传感器 4—刮水器组合开关
5—后风窗玻璃刮水器 6—前部刮水器电动机 7—左侧前照灯清洗装置喷嘴
8—清洗液储液罐 9—右侧前照灯清洗装置喷嘴

（3）电动天窗系统

电动天窗具有倾斜开启和滑动开启的功能，其主要作用是利用车辆行驶过程中天窗外部形成的负压将车内空气排出车外，改善车内空气质量。电动天窗系统主要由天窗电动机及控制单元、天窗总成组成，如图7-10所示。

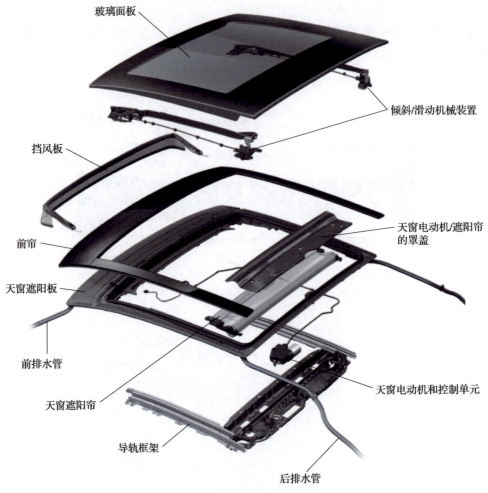

图 7-10 电动天窗系统的组成

（4）门锁遥控系统

门锁遥控系统是不使用钥匙，而利用发射器在一定距离内锁定/解锁车门的遥控装置。门锁遥控系统的结构如图 7-11 所示。每个车门锁内安装有两个用于上锁/解锁和上保险/解除保险的电动机，另外在车门锁内还装有各种微型开关用来检测门锁状态。

（5）照明系统

汽车照明系统的作用是在夜间或能见度低的情况下，为驾驶人、乘客和交通管理人员提供照明，向其他车辆和行人发出提示或警告。系统主要由灯具、电源和控制电路（包括灯光控制开关）三部分组成。车身前部照明系统的主要组成部件如图 7-12 所示。

第七章　汽车维护保养常识

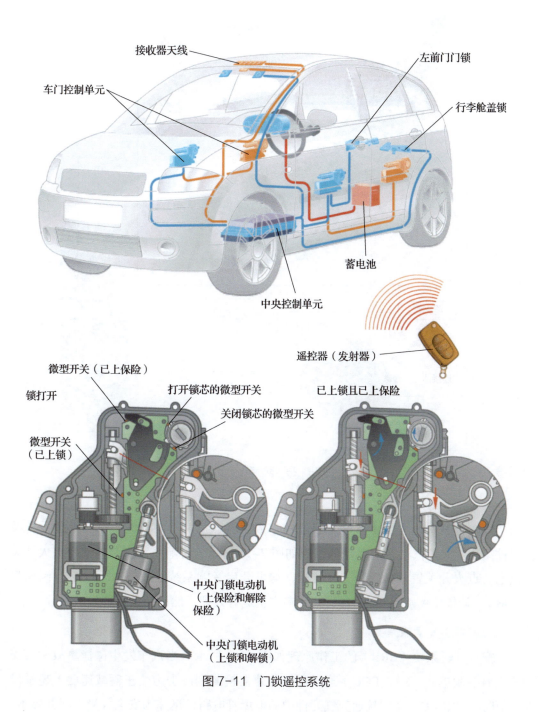

图 7-11　门锁遥控系统

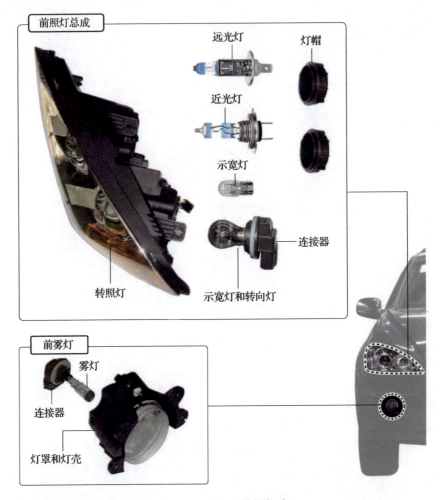

图 7-12 照明系统的组成

（6）音响系统

汽车音响系统主要由音响主机、功率放大器、扬声器、天线、声音处理设备及附件组成。典型汽车音响系统的组成如图 7-13 所示，音响系统由蓄电池经点火开关供电，点火开关置于 ACC、ON 位时，均可开启音响系统。收音机天线接收到调频（FM）、调幅（AM）广播，传送到音响主机进行处理，然后由扬声器发出声音。

（7）安全气囊系统

安全气囊系统（SRS）的工作原理如图 7-14 所示。当汽车发生碰撞事故时，安全气囊控制单元（SRS ECU）通过碰撞传感器检测到冲击力（车辆减速度）超过设定值时，SRS ECU 立即接通充气元件中的电爆管电路，迅速为安全气囊充气并弹出，缓解碰撞冲击，保护驾驶人和乘客。

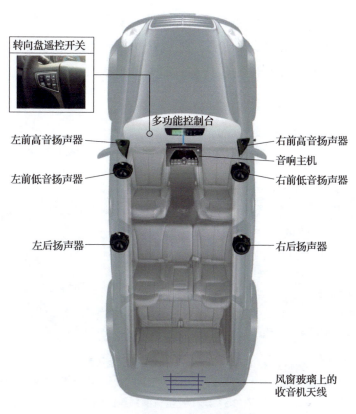

图 7-13 典型汽车音响系统的组成

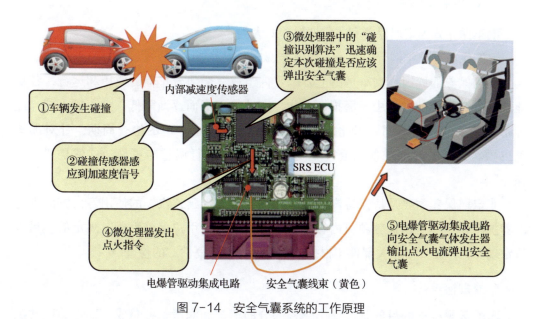

图 7-14 安全气囊系统的工作原理

现代汽车的安全气囊系统包括碰撞传感器、安全气囊控制单元、故障指示灯、驾驶人侧安全气囊、乘客侧安全气囊、前/后座侧安全气囊、座椅安全带收紧器等。汽车安全气囊系统的组成如图 7-15 所示。

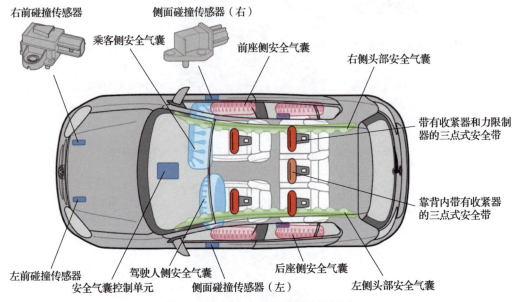

图 7-15 汽车安全气囊系统的组成

二、车辆保养

汽车保养分为定期保养和非定期保养两大类。

定期保养有日常例行保养、一级保养、二级保养。

车辆保养的原因：汽车是由上万个零件组成，会随着车辆的使用和运行，各功能性部件、组件的性能由于磨损、老化、腐蚀等因素而逐渐降低，且车辆不同，此种情况发生的程度不同。因此，汽车制造企业规定了一定的检查周期，针对那些可以预料到随着时间或使用会产生变化的零部件进行调整与更换，这就是"定期保养"。

非定期保养主要是从保持汽车良好的技术状态、延长汽车的使用寿命方面进行的养护工作。非定期保养项目内容较广，不仅要对"用户保养手册"规定的项目进行常规保养，还要对相关部件（根据里程）进行"重复性"的检查。

1. 常规检查

车辆常规检查的目的是保证车辆各部分的清洁和润滑，各总成、部件的正常工作，尤其是要掌握车辆安全部件的技术状况，保证其工作可靠性，常规检查项目（以定期保养项目为例）见表7-1。常规检查中的各环节对汽车的正常使用起着至关重要的作用。

表7-1 常规检查项目（以定期保养项目为例）

序号	检查项目	检查内容
1	发动机舱检查	检查发动机舱盖是否可以正常开启
		检查制动液液位是否在上限与下限之间
		检查发动机机油油位是否在上限与下限之间
		检查冷却液液位是否在上限与下限之间
		检查清洗液液面是否在上限与下限之间
		检查蓄电池电解液量或指示器颜色
		检查蓄电池插接器端子松动、腐蚀情况
		检查发动机舱盖支撑杆固定情况
2	车辆外围检查	检查轮胎气压（目视检查） 过低　　正常　　过高
		检查轮胎表面是否有损伤、鼓包
		检查轮胎花纹深度（目视检查）
		检查车灯总成安装情况
		检查车灯总成是否损坏
3	检查车辆前部灯光	检查小灯是否点亮
		检查近光灯是否点亮
		检查远光灯是否点亮
		检查雾灯是否点亮
		检查转向灯及危险警告灯是否点亮
4	检查车辆后部灯光	检查小灯是否点亮
		检查雾灯是否点亮

(续)

序号	检查项目	检查内容
4	检查车辆后部灯光	检查转向灯及危险警告灯是否点亮
		检查制动灯是否点亮
		检查倒车灯是否点亮
5	检查仪表指示灯	起动车辆,检查仪表指示灯是否点亮、检查仪表故障指示灯是否点亮
6	起动后检查	检查转向盘松动情况
		检查驻车制动器的操作
		检查喷水器喷射位置
		检查刮水器各档位及刮拭效果
		检查制动踏板踩下状态
		检查喇叭工作情况
7	发动机暖机后	检查发动机运转是否平稳
		检查发动机有无异响
8	行驶检查	检查制动效果
		检查发动机加速状态

汽车日常使用中,可依据行驶距离、时间以及车辆行驶的状态,来判断实施检查的适当时间。建议可以在长距离行驶前、洗车时,或行驶中发现有异常的噪声、气味、状况后进行检查。

2. 首次保养

汽车的首次保养(生活中常常简称首保)根据车型的不同,保养的里程数从3000千米到5000千米不等,而在此里程数以内的1500千米是谨慎期,是磨合保养中的重中之重。在谨慎期内,首先,需要注意车辆的载荷量不要过高;其次,在道路的选择上,尽量在顺畅的道路上驾驶车辆,让车辆的运转处于流畅的状态;再次,在车辆磨合期,车速不宜过快,让发动机、变速器、四轮机械系统以及轮胎相互之间的运转达到最佳效果。

首次保养主要是检查零部件之间的磨合情况,补充或更换机油,检查蓄电池使用状态、胎压等。以丰田汽车5000千米保养(首次保养)项目为例,首次保养项目见表7-2。

第七章 汽车维护保养常识

表 7-2 首次保养项目

序号	检查项目	检查内容
1	发动机舱	1）蓄电池检查 ①检查蓄电池固定状况 ②检查蓄电池电解液量及端子腐蚀、松动情况 ③负荷测试 2）传动带检查 检查传动带有无松弛、损伤 3）空气滤清器检查 ①检查有无脏污、堵塞、损伤 ②清洁或更换 4）冷却装置检查 检查风扇扇叶是否松弛、损伤 5）各油液检查 ①检查制动液液位是否在上限与下限之间 ②检查冷却液液位是否在上限与下限之间 ③检查玻璃清洗液液位是否在上限与下限之间 ④检查发动机机油液位是否在上限与下限之间 ⑤检查空调制冷剂（俗称冷媒）液位是否在上限与下限之间 ⑥检查变速器油液位是否在上限与下限之间 ⑦检查离合器液液位是否在上限与下限之间 ⑧检查动力转向液液位是否在上限与下限之间
2	车内检查	1）驻车制动器检查 ①检查驻车制动器是否有咔嗒声、启用时指示灯是否熄灭 ②制动功能是否正常 2）制动踏板检查 ①检查自由行程是否正常 ②检查踏下踏板后踏板与地板的间隙 ③检查制动功能是否正常 3）仪表灯检查 检查仪表灯是否正常点亮 4）喇叭检查 检查喇叭工作是否正常 5）转向盘检查 ①检查转向盘自由行程是否正常 ②检查转向盘松动及摆动是否正常 ③检查方向锁是否正常

145

（续）

序号	检查项目	检查内容
2	车内检查	6）空调检查 检查空调滤清器状况是否可用
3	制动系统	1）鼓式制动器检查 ①检查制动鼓与制动蹄的间隙是否正常 ②检查制动蹄滑动部分是否正常 ③检查制动蹄片的磨损情况是否正常
3	制动系统	2）盘式制动器检查 ①检查制动盘与制动衬块的间隙是否正常 ②检查制动衬块的磨损情况是否正常
4	车轮	轮胎/螺栓（含备胎）检查 ①检查轮胎是否有裂纹、损伤、异物 ②检查轮胎是否有异常磨损 ③检查胎纹的深度 ④检查轮胎气压并调整 ⑤检查螺栓螺母是否紧固
5	车体检查	1）车辆外部各类车灯检查 ①检查前后部灯光是否正常 ②检查行李舱灯光是否正常
5	车体检查	2）后视镜检查 检查后视镜是否有损坏、功能是否正常
5	车体检查	3）刮水片、喷水器检查 ①检查刮水片的功效 ②检查喷水器喷射角度
5	车体检查	4）车窗检查 检查车窗是否有损坏、工能是否正常
6	底盘部分检查	1）制动软管检查 检查制动软管是否有损伤及泄漏
6	底盘部分检查	2）转向机是否泄漏检查 检查转向机管路、助力泵是否有泄漏
6	底盘部分检查	3）发动机机油更换 ①机油更换 ②放油螺栓垫片更换
6	底盘部分检查	4）机油滤清器更换 ①更换机油滤清器 ②更换机油滤清器密封圈

3. 定期保养

汽车定期保养的目的是为了排除车辆行驶周期内出现的问题，使其恢复到最佳状态，防止问题恶化，保证车辆的行驶安全，所以定期保养是非常必要的。以丰田汽车 40000 千米保养（定期保养）项目为例，定期保养项目见表 7-3。

表 7-3　定期保养项目

序号	检查项目	检查内容
1	发动机舱	1）蓄电池检查 ①检查蓄电池固定状态 ②检查蓄电池液量及端子腐蚀、松动情况 ③负荷测试
		2）传动带检查 检查传动带有无松弛、损伤
		3）更换空气滤清器
		4）冷却装置检查 ①检查风扇扇叶是否松弛、损伤 ②检查散热器和冷凝器是否损坏及泄漏 ③检查冷却液是否泄漏
		5）各油液检查 ①检查制动液液位是否在上限与下限之间 ②检查冷却液液位是否在上限与下限之间 ③检查玻璃清洗液液位是否在上限与下限之间 ④检查发动机机油液位是否在上限与下限之间 ⑤检查空调制冷剂液位是否在上限与下限之间 ⑥检查变速器油液位是否在上限与下限之间 ⑦检查离合器液液位是否在上限与下限之间 ⑧检查动力转向液液位是否在上限与下限之间
2	车内检查	1）驻车制动器检查 ①检查驻车制动器是否有咔嗒声、启用时指示灯是否熄灭 ②检查制动功能是否正常
		2）制动踏板检查 ①检查自由行程是否正常 ②检查踏下踏板后踏板与地板的间隙 ③检查制动功能是否正常
		3）离合器踏板检查 踏下踏板后，检查踏板与地板的间隙及行程
		4）加速踏板检查 踏下踏板后，检查踏板与地板的间隙及行程

（续）

序号	检查项目	检查内容
2	车内检查	5）仪表灯检查 检查仪表灯是否正常点亮
		6）喇叭检查 检查喇叭工作是否正常
		7）转向盘检查 ①检查转向盘自由行程是否正常 ②检查转向盘松动及摆动是否正常 ③检查方向锁是否正常
		8）空调检查 检查空调滤清器，必要时可更换
3	制动系统	1）鼓式制动器检查 ①检查制动鼓与制动蹄片的间隙是否正常 ②检查制动蹄片滑动部分是否正常 ③检查制动蹄片的磨损情况
		2）盘式制动器 ①检查制动盘与制动衬块的间隙是否正常 ②检查制动衬块的磨损情况是否正常
		3）制动主缸、轮缸、卡钳检查 ①检查主缸制动液是否泄漏 ②检查轮缸制动液是否泄漏 ③检查卡钳制动液是否泄漏 ④制动液更换
4	车轮	轮胎/螺栓（含备胎）检查 ①检查轮胎是否有裂纹、损伤、异物 ②检查轮胎是否有异常磨损 ③检查胎纹的深度 ④检查轮胎气压并调整 ⑤检查螺栓螺母是否紧固
5	车体检查	1）车辆外部各类车灯检查 ①检查前后部灯光是否正常 ②检查行李舱灯光是否正常
		2）后视镜检查 检查后视镜是否有损坏、功能是否正常
		3）刮水片、喷水器检查 ①检查刮水片功效是否正常 ②检查喷水器喷射角度是否正常

（续）

序号	检查项目	检查内容
5	车体检查	4）车窗检查 检查车窗是否有损坏、工能是否正常
6	底盘部分检查	1）制动软管检查 检查制动软管是否有损伤及泄漏
		2）驱动轴防护套检查 检查驱动轴防护套是否有割伤、损坏
		3）车轮轴承检查 ①摆动车轮检查是否有松旷 ②检查是否有损伤
		4）悬架检查 ①检查减振器安装状态、检查是否有泄漏 ②检查上下球节及是否有松旷 ③检查是否有松动及摆动，检查防尘套是否有损伤
		5）排气管、消声器检查 ①检查排气管、消声器是否有松动、损伤、腐蚀 ②检查隔热板是否有松动、损伤、腐蚀
		6）变速器、差速器检查 ①检查油液是否泄漏 ②检查连接部位是否有松动
		7）转向机是否泄漏检查 检查转向机管路、助力泵是否有泄漏
		8）发动机机油更换 ①机油更换 ②放油螺栓垫片更换
		9）机油滤清器更换 ①更换机油滤清器 ②更换机油滤清器密封圈
7	燃油和排放控制系统检查	1）燃油系统检查 ①燃油滤清器更换（每8万千米） ②燃油滤清器垫圈组件更换 ③检查燃油箱盖是否能正常开启/关闭 ④检查燃油管是否有损坏及泄漏 ⑤检查插头和燃油蒸汽控制阀
		2）检查活性炭罐

三、车辆停放

1. 车辆长时间停放的危害

（1）汽车长时间停放会对蓄电池造成伤害

汽车长时间停放不开，会有微弱的自放电，蓄电池的电量就会缓慢下降，使用寿命也会逐渐减少，时间一长，就会出现汽车无法起动的情况。

（2）汽车长时间停放会对润滑油造成伤害

发动机、变速器因长时间停放，其内的润滑油、机油会出现沉底、凝固、变质的情况，形成油泥，因而无法起到较好的润滑作用。再次起动车辆时，变速器的灵敏度、发动机的动力输出就会降低，严重的还会造成各零部件加速磨损，极易造成零部件老化和损坏。

（3）汽车长时间停放会导致零部件油封老化和损坏

零部件的油封如果老化或者损坏，会造成汽车出现漏油的情况。油封受力均匀，可使该零部件使用寿命变长，假如汽车长时间停放不开，油封的接触面长时间处于固定位置受力，这会导致局部受力不均匀，致使油封变形、老化，最终导致密封失效漏油。

（4）汽车长时间停放会导致制动系统生锈、老化、损坏

长时间停车时会启用驻车制动，车辆处于长时间的制动状态，会造成制动盘与制动片出现粘连的情况，容易出现制动片分离不开的情况，造成制动片磨损不均匀、"拖刹"等情况。

长时间停车制动盘易生锈，容易造成制动打滑失效。

（5）汽车长时间停放会加速轮胎的损坏

汽车长时间停放，轮胎着地接触点是同一个，在重力的作用下，轮胎局部位置会逐渐变形、收缩，时间越久，变形之后的部位就越难恢复。当再次使用汽车时，就会发现车子行驶中有明显的颠簸，这是因为轮胎发生了变形，滚动半径变得不均匀，轮胎失去了平衡，影响其抓地力和驾乘的舒适性，此状况轻则造成车身抖动，重则会引发爆胎、打滑等安全隐患。

（6）汽车长时间停放在户外会对车漆造成损伤

长时间停放在户外的车辆日晒雨淋，鸟粪、灰尘、树脂等都具有强腐蚀性，会造成车漆暗淡无光、变色、龟裂，严重的还会导致裸露在外界的钢铁部件生锈。

2. 汽车长时间停放应该采取的措施

汽车在准备长时间停放之前，将车辆整体清洗干净，带走不宜长时间存放在车内的物品，例如食物、饮料、打火机等。

如果汽车长时间停放在露天环境，尽量将汽车停放在阴凉、干燥的背阴处，避免阳光直射，避开雨淋、鸟粪、树脂等地方。如果停放在大树下面，不仅会有很多鸟粪，还会有树脂、落叶、浆果等具有强腐蚀性的物质，这些对车漆的损伤都是很严重的，如果没有得到及时的清理，会造成车漆老化、变色、皲裂、起泡等。

汽车长时间停放，可以拔下蓄电池的负极线缆，切断汽车的电路，需要使用汽车时，再将蓄电池的负极接上即可。

注意　关闭所有车窗；可以给车辆盖上车衣，车衣能够有效防止日晒雨淋、鸟粪等。

参 考 文 献

[1] 姚时俊.新驾考全套教程：轻松学车考驾照[M].4版.北京：化学工业出版社，2022.

[2] 裴保纯，唐军山.新驾考：学车考证一本通（2022版）[M].北京：电子工业出版社，2022.